ムハンマド

イスラームの源流をたずねて

目次

1 家庭の人……005
2 啓示の器……033
3 神の使徒……075
4 戦いと裁定……102
5 ムハンマドの実像を求めて……145
6 人類史のなかのムハンマド……177
あとがき……200
参考文献……204

1 家庭の人

聖地の景観

アラビア半島を訪れる日本人は、だれもが砂漠に圧倒される。どこまでも連なりつづく砂の丘。私がはじめてアラビア半島に出かけたのは、もう一〇年以上も前になる。北側の隣国ヨルダンの首都アンマンから車をチャーターして、紅海に面したサウディアラビアの港町ジェッダまで、一直線に砂漠の道を走った。砂漠の圧倒的な質感に対する驚きは、今でも鮮やかに記憶のなかでよみがえる。

砂漠以上に驚きだったのは、山の光景である。岩山――樹木が生えていない、黒い岩の巨塊がアラビア半島のふつうの山である。これは、私たちが「山」という言葉から思い描くものから、大きく違っている。

じつはジェッダへの旅の帰り、今度はアンマンを通り抜けて、さらに北のシリア、トルコへと向かった。このときは長距離バスを使った。乗っているのはみなトルコへ帰国する出稼ぎ人たちばかりで、女性は私の妻一人だけという、いささか異様な乗客構成であった。このバス旅行も私にとって数多くの興味深い体験をもたらしたが、ここで言いたいのはそのことではない。「山」のことである。

シリアの北部からトルコの南部に入るあたりから、しだいに山に木が見られるようになり、やがて、山はどれも木を茂らせて、緑の姿となる。私と妻は感嘆して、「これが山じゃないか」「私たちの知っている山とはこういうものではないか」と何度も言った記憶がある。それほどに、アラビア半島の山は不思議な光景であった。

砂漠と岩山。おそらく、その風景は、七世紀のアラビア半島とさほど変わりがないように思われる。もちろん、当時は砂漠を貫く道路はなく、夜の砂漠で突然道路脇に電灯が輝くガソリンスタンドが姿を現すこともなかったであろう。しかし、現代の人工物を取り払ってみれば、一四世紀のあいだにさほど半島の生態環境が変化したとは思われない。半島の四分の一を占めるルブウ・ハーリー砂漠の峻厳《しゅんげん》さも、水の希少性とオアシスがもつ重要性も、同じように続いてきた。

十九世紀のヨーロッパ人の旅行家が、マッカ(メッカ)、マディーナ(メディナ)について、このような場所がなぜ祝福された聖地なのか、と驚きを記録している。水も緑もほとんどない灼熱《しゃくねつ》の地が、イスラームにとって地上でもっとも素晴らしい場所なのか。たしかに、桃源郷のような場所こそが祝福された土地であるとすれば、アラビア半島のこの情景を見る者は訝《いぶか》しさを感じるに違いない。

イスラームの伝承によれば、マッカにカアバ(カーバ)聖殿を建てたのはイブラーヒーム(旧約聖書の族長時代のアブラハム)であり、そのころから人が住めるようになったという。水がなければ乾燥地帯で生命を維持することはできない。人が住めるようになったのは、湧《わ》き水のおかげであった。有名なザムザムの泉は今日でもカアバ聖殿の近くで湧いている。こんこんと湧きつづけるザムザムの水を人々は神の恩寵《おんちょう》と讃《たた》えている。しかし、ザムザムをはじめとする泉によってマッカは居住可能な地となったものの、これらの地下水は農業を可能にするほど豊かではなかった。マッカの町は、イスラーム以前の多神教時代にもイスラーム時代にも、農業産品を他から輸入して食糧としている。

さて、ムスリム(イスラーム教徒)たちは、「マッカ」を呼ぶとき、通例「ムカッラマ」という形容詞をつける。「祝福された」「恩寵を与えられた」という意味である。それは、イスラームがこの地で始まったからであり、イスラームの開祖ムハンマドがこの地で生まれたからであった。

イスラームの教えは時を超えるものとして人類すべてにもたらされた、とされる。じつのところ、木々に恵まれた庭園は美しいが、枯れない木はない。庭園がいつまでも緑である保証もないであろう。むしろ、緑のない砂漠、木のない山は姿を変えることなく、時を超えていくのだ、という点がポイントとされる。峻厳な砂漠の情景こそは、時を超える真理という恩寵を象徴する、というのである。

そう言われてみてはじめて、なぜ灼熱の乾燥地域にイスラームの聖地がありうるのか、合点がいった。イスラームは「変わらぬ真理」を示すことをめざしたのであり、アラビア半島の舞台装置はそのためにこそ役立つ、という——こ

カアバ聖殿とハラーム・モスク
左下にザムザムの泉へ降りる
入り口が見える。
野町和嘉氏撮影。以下＊は同。

の解釈を聞かされたとき、私の前で、イスラームが生まれた世界に向けて、理解の扉が大きく開かれたように思われた。

謎の多い幼年期・青年期

ムハンマドが「預言者」として活動を始めたのは、およそ四十歳のときである。それ以前については、史料がきわめて乏しく、さほどの記録は残されていない。

歴史では、こうしたことは珍しいことではない。「人名辞典」を読んでいると、きわめて著名な人物であるにもかかわらず、生年、生地が定かではないケースに時折出会う。つまり、長じて著名になった人物であるが、名もなき一族の出身で、幼少のころについてはほとんど記録がないのである。このようなことは、イスラームに限らない。どこの地域でも起こる。

ムハンマドという人は、のちに、人類史においてもっとも大きな影響を及ぼした一人となった。しかしそれは後年のことで、幼少のころは、歴史に残るべきような子どもではなかった。したがって、記録も少ない。

彼の一挙一動に注目が集まるようになったのは、イスラームの預言者と名乗ってからであり、それまではマッカの住人であるクライシュ族にとっての大事件が記録されているときに、わずかに言及がある程度である。

たとえば、彼が三十五歳ころに、カアバ聖殿の建て替えがあった。当時すでに、この聖殿には「黒石」がはめ込まれてあったが、建て替えの際に黒石をはめ直す大役をだれがはたすかで、彼らはもめた。たまたま、ムハンマドがその解決策を示す巡り合わせとなったが、彼は「アミーン」(正直者、実直者、信頼できる者)として知られた若者であり、彼なら調停者としてよかろう、と皆が納得したという。その程度の逸話である。これだけなら、好青年ムハンマドというだけで、歴史に残るような話題ではない。

当時のアラビア半島は「部族」を単位とする集団に分かれていた。アラビア語で「カビーラ」とは系譜を共有する集団で、当人たちのアイデンティティとしては共通の祖先から出た子孫たちである。系譜が歴史的事実に忠実かどうかは、必ずしも定かではない。しかし、カビーラは確固たる実体をもつ社会集団で、強い同族意識をもっていた。アラビア半島に統一的な国家はなく、部族を最大の単位とするアナーキーな状態にあった。

マッカを支配していたのはクライシュ族である。クライシュとはムハンマドの一一代前の祖先フィフルのあだ名ともいわれ、この部族はすべてその子孫とされる。クライシュ族は、さらに五代下ったクサイイの時代にマッカの支配者となった。その支族にハーシム家があった。権勢と富は大きくないが、血統のよい一族である。ムハンマドは、その一員であった。

ちなみにクライシュ族(ないしはクライシュ部族)と「族」をつけ、その支族のハーシム家に「家」をつけるのは、邦訳する際のこれまでの慣例による。ハーシム家も、クライシュ族のレベルよりは下位にあるが、部族的集団の一つである。アラビア語では、「……の子どもたち」を意味する「バヌー」の語がしばしば用いられる。ハーシム家ならばバヌー・ハーシムである。

部族は、共通の祖先をもつが、どこで枝分かれするかに規則はない。Aという人物に三人の子があったとする。その一人Xは大人物であったため、子孫は「X族」と名乗るが、他の兄弟は凡庸であったため、子孫はみな「A族」と名乗りつづけるといったことが起こる。アイデンティティは自他の識別によって起こるが、その識別をかくかくの原則に則《のっと》っておこなわなければならないという厳密なルールが決められていたわけではない。

ムハンマドはハーシム家の当主アブドゥルムッタリブの息子アブドゥッラーを父として生まれた。が、父親は、彼が母のお腹にいるあいだに亡くなっている。アラビア語でいうヤティーム(孤児)は親を失った子どもで、片親を失ってもヤティームと呼ばれる。ムハンマドは生まれながらにヤティームであった。そのため、祖父アブドゥルムッタリブが保護者となった。祖父は早世した息子の忘れ形見であるムハンマドを可愛がったようである。しかし、さらに、母親アーミナも六歳のとき亡くなり、彼は完全な孤児になってしまった。

とはいえ、親のない悲しみは味わったにせよ、ムハンマドは必ずしも孤児として不幸な生活を送ったわけではない。祖父アブドゥルムッタリブは手厚い保護を与えたし、祖父が八歳のとき亡くなると、そのあとを継いだアブー・ターリブ(ムハンマドにとっては伯父)も甥《おい》に十分な保護を与えた。アブー・ターリブはハーシム家の長となったため、その保護は一族によるものとなった。部族が最大の単位であったから、半島全体を統治し一般市民に保護を与える国家というものは、この時代にはなかった。部族が保護をするということは、保護された者に他部族が危害を加えるならば、部族全体でその他部族と戦うという意味である。この報復の原理が抑止力となって、たがいにやたらに危害を加えない仕組みとなっていた。部族の保護を受けられなければ、命を長らえていくこともままならない時代である。

アブーとは「……の父」を意味するから、アブー・ターリブとは「ターリブの父」である。敬意をこめて、「……の父」「……の母」と人を呼ぶ習慣は、アラブ人のあいだでは当時も現代でもごくふつうのことである。史料でも二次資料でもほぼすべての場合にアブー・ターリブと呼ばれているから、本名を詮索することにはさほど意味はないが、彼自身の名はアブド・マナーフであった。もともと、アブドゥルムッタリブには複数の妻があったが、アブー・ターリブとムハンマドの父とは同じ母から生まれた、いわゆる同腹の兄弟である。アブー・ターリブがムハンマドの養育者となったのは、そのためと思われる。

ちなみに、ムハンマドの父母は早くに亡くなったから彼に血を分けた兄弟はいないが、乳兄弟はいる。生まれてまもなく、当時の習慣によって里子に出され、ハリーマという名の乳母を得た。同じ女性から授乳した者たちは、同じ「母乳」によって育った乳兄弟として、本当の兄弟がそうであるように結婚もできない間柄となる。ハリーマの息子と娘は、ムハンマドの乳兄弟であった。さらに、アブー・ターリブの子どもたちはムハンマドにとって従兄弟《いとこ》にあたる。彼らと兄弟のように仲良くしたとしても、なんの不思議もない。ムハンマドは長じてから、アブー・ターリブの息子たちのなかから、アリーを引き取って養育している。アブー・ターリブは子沢山で生活に苦しかったためという。伯父・叔父たちがみな親しかったわけではないが、アブー・ターリブと同腹のもう一人の伯父ズバイルもムハンマドに親切だった。

若いときのムハンマドは、羊を飼う仕事を手伝ったりもしたようである。後年、ムハンマドは「諸預言者のなかで羊の世話をしなかった者があろうか」〔ムスリム・イブン・ハッジャージュ『真正集』〕と語ったという。実直な青年として成人したころには、マッカの大きな出来事として、「有徳者同盟」と「ソッジャールの戦い」があり、どちらにも参加したようであるが、主要な役割を担ったわけではない。前者は、ある事件をきっかけに不正義を正す誓いをした人々の集まりであり、後者は部族的な戦いであるが、いずれもアラビア半島全体からみればそれほど大きな意義はもたない。

ムハンマドは大人になってから、キャラバン貿易の仕事をするようになった。マッカは商業都市である。クライシュ族はもとは遊牧民であるが、定住してキャラバン貿易に従事するようになった。アラビア半島の東南端のイエメンはインド洋に面して、東方の物産が来る。これを北のシリア、地中海岸へともっていく。クルアーン〔コーラン〕には、この隊商の旅について記述がある。

クライシュ族の保護のゆえに、冬と夏の彼らの隊商の保護〔という神の恵み〕のゆえに、彼らをして、この館〔カアバ聖殿〕の主を崇拝させよ。かれ〔神〕は飢えに対しては彼らに食物を与え、恐れに対しては平安を与えた。

〔クライシュ族章一〜四。以下の章名はクルアーン〕

このイエメンとシリアを結ぶ貿易が、マッカの富の源泉であった。インド洋を越えてアラビア半島東南部のイエメンに陸揚げされた商品を、マッカにもってきて、さらに北のシリアに運ぶ。その先は巨大なビザンツ帝国の商圏である。また、北の産品を南へ運ぶ。いわゆる中継貿易である。「冬と夏の隊商」

とは、イエメンに向かう冬の隊商、シリアへ向かう夏の隊商を意味している。季節が異なるのは、インド洋貿易が季節風に依存していることによる。ちなみに、季節風をモンスーンというが、これはアラビア語のマウシム(季節)を語源とする。

キャラバン貿易は、長い道のりのあいだに強盗に出会うこともある。成功すると利益は大きいが、リスクも大きい。十代のうちに、ムハンマドは伯父のアブー・ターリブにつきそって、一度隊商とともにシリアに赴いたようである。二十代になってからも、ムハンマドは隊商を防衛しながら、シリアへ出かけた。彼自身は資本をもっているわけではないので、キャラバンに投資する側ではなく、仕事を請け負う側である。いったい、どの程度出かけたのかは判然としない。少なくとも、女性商人の一人ハディージャの隊商を請け負って一回出かけたことは、はっきりと記録されている。

ハディージャ・ビント・フワイリド(フワイリドの娘ハディージャ)は、父親からの遺産と二人の先夫の遺産によって、富裕な商人としてキャラバン貿易を営んでいた。ムハンマドは噂《うわさ》どおりの誠実さだけではなく、商才をも示し、この隊商の旅で大きな利益をあげていた。

おそらく、彼女はムハンマドをすでに意中の人として考えていたのであろう。ムハンマドがシリアから帰ってくると、彼女は、同行者から詳しく旅の様子を聞いたという。同行人の報告からムハンマドの手腕と誠実さに確信をもち、彼を配偶者とする気持ちを固めたと思われる。そして、彼女の側から、自分自身で直接か、人を介してか求婚したとされる。しっかりした判断力をもつ、自立した女性像がそこにみられる。このときムハンマドは二十五歳で初婚、彼女は四十歳であった。当時の四十歳はかなりの高齢と思われるが、ハディージャは若々しく容姿端麗な女性だったようである。

ムハンマドが「啓示」を受けるまで、およそ一五年が過ぎる。そのあいだ、夫婦の生活はキャラバン貿易からの収入に依っていたに違いない。しかし、生活の具体的な実態については、いずれの史料も沈黙している。かすかにその時期を想像させるのは、クルアーンの次のような描写である。

われ〔アッラー〕は孤児であった汝《なんじ》を見出し、保護したのではなかったか。汝が迷妄者《めいもうしゃ》であったのを見出し、導いたのではなかったか。また、汝が貧しかったのを見出し、豊かにしたのではなかったか。それゆえ、孤児はこれを虐《しいた》げてはならない。乞う者はこれを拒んではならない。そして、汝の主の恩恵はこれを語れ。〔朝章六〜一一〕
ムハンマドは早くに父母を失った「孤児」であったが、祖父、伯父に保護され、無事に成長することができた。「貧しかった」ということは、成長期にアブー・ターリブの一族が経済的に豊かではなかったことを物語っているであろう。しかし、ハディージャと結婚してからは、生活も安定した。
それにしても、この描写はあまりに簡潔である。じつはクルアーンには、ムハンマドの事跡や生活の実態を知りうるような史料的素材が非常に少ない。それはなぜなのであろうか。
ここで史料としてのクルアーンについて、みておこう。

史料としてのクルアーン

クルアーンはムハンマドの同時代の史料として、もっとも信頼がおける。そのことについてはイスラーム世界の歴史家であれ、欧米の研究者であれ、基本的に異論はない。

クルアーンは彼が四十歳で「預言者」となって以降、「アッラーの啓示」すなわち天使が直接運んできた「神の言葉」として弟子たちに伝え、彼らに記憶または記録させたものである。クルアーンを覚えることは、ムハンマドに従うイスラームの信徒たちにとってもっとも重要な宗教行為であった。

ちなみに、のちのマディーナ時代のことであるが、たとえば結婚に際して、何も財産をもたない男が自分の知っているクルアーンの数節を婚資金のかわりに女性に教えた、というような事例もある。ムハンマドは「汝ら〔ムスリム〕のなかでもっともよい者は、クルアーンを学び、それを教える者である」と言った〔ブハーリー『真正集』〕。学ぶことの第一は、記憶することであった。

もちろん弟子たちのなかで、とくに暗唱能力をかわれて重用されたり、書記として記録の任にあたった者もあった。ムハンマドの死後二〇年ほどで、クルアーンの全体を書き記した「正典」がつくられた。その作成にあたったのはそのような高弟たちであり、また彼らの全員が完成した「正典」に合意したことも確認される。

正典の結集《けつじゅう》を命じたのは、第三代カリフとなったウスマーンであったが、彼は正典の複製をいくつかつくらせ、それを主要都市に送って、それ以外にクルアーンを記載したものがあれば、すべてを焼かせた。そのため、今日に伝わるクルアーンはすべて「ウスマーン版」と呼ばれている。消却が徹底していたことは、ウスマーン版と異なる版が存在していたことは記録されているのに、実物は一つも後世に残されていないことからもわかる。

これを他の宗教の事例と比べてみれば、正典化作業の早さがよくわかる。たとえば、ユダヤ教の聖書(旧約聖書)をみると、紀元前十三世紀のモーセの律法が正典化したのは紀元前五〇〇年ころとされる。さらに、ユダヤ教の聖書全体の正典が確定されたのは紀元後一世紀末のことである。また、新約聖書をみると、共観福音書(マタイ、マルコ、ルカの福音書)は紀元六〇~七〇年ころの成立と考えられているが、ヨハネの福音書はさらに半世紀ほど遅い。そのいずれも原本は残っておらず、最古の写本でも四世紀のものである。あるいは、仏典の結集にしても、口伝の結集は仏滅後すぐにおこなわれたにしても、現在に伝わる初期経典はいずれも釈迦《しゃか》の没年(紀元前四八五年ないしは三八三年)から一〇〇

〜二〇〇年以上過ぎてからのものである。

このようなことだけを考えると、クルアーンはムハンマド時代の史料としてきわめて有用であるように思われる。ところが、クルアーンはその一方で、歴史的な事実についてはごくわずかしか言及がないという特性をもっている。クルアーンはおよそ二三年の期間にわたって、さまざまな機会に天使がムハンマドにもたらした「啓示」を総集したものとされるが、それぞれの啓示がいつ、どこで、どのような環境でもたらされたか、といった記述はクルアーンのなかには、いっさいない。ムハンマドが、クルアーンを他の言葉と一緒に記録したり覚えたりすることを禁じたため、「……と、天使ジブリールは伝えた」「ムハンマドが……したとき、次の啓示が下った」というような説明すらないのである。

思想的な内容についていえば、クルアーンは全編にわたって非常に雄弁である。唯一神アッラーについても、来世や不可視界についても、人間の生き方についても、さらには社会のあり方についてもきわめて雄弁に語っている。しかし、事実史を再構成するのに用いようとすると、限られた断片しか用いることができない。用いることができるものも、ほとんどがのちにマディーナに移住してからのものである。通常、マディーナへ移ったヒジュラ(聖遷)を境として、それ以前をマッカ時代、それ以降をマディーナ時代と呼ぶが、マッカ時代は、ムハンマドの事跡の記述さえも、ごくまれにしかない。
先の「孤児であった汝を見出し、保護したのではなかったか」「汝が貧しかったのを見出し、豊かにしたのではなかったか」は、そのような数少ない記述の一つである。ムハンマドが孤児であった事実に関する記述はこれ以外にはないし、「孤児であった」「貧しかった」は、実態を推測するにはあまりにも簡潔というべきであろう。しかも、ムハンマドが孤児であったことに言及しているとはいえ、子ども時代の記録というわけではない。クルアーンの一節である以上、ムハンマドが四十歳を少し過ぎてから、その前半生を一言でまとめた言葉ということになる。

クルアーンの以上のような性格のため、ムハンマドの生涯、あるいは彼の時代の信徒たちの動静については、他の史料を合わせて用いる必要がある。その史料としては、おおまかにいって「預言者伝」(スィーラ)と呼ばれるムハンマドの伝記文学と、ムハンマドの言行を記録したハディースが重要である。

預言者伝は、初期イスラームの時代に成立した「マガーズィー」(遠征)と呼ばれる文学ジャンルと重なり合う。これは主としてムハンマドの遠征・戦役を記録する意味合いがあった。もっとも初期の作品は、イブン・イスハーク(七六七年没)の『マガーズィーの書』、ワーキディー(八二三年没)の『マガーズィーの書』である。前者は、実際にはムハンマドの事跡だけではなく、より広範な歴史を扱っていた。ただし、その原本は今日に伝わっていない。その書のなかから、ムハンマドの生涯に関連する部分だけを抜き出し、注釈を加えつつ編《へん》纂《さん》したのが、イブン・ヒシャーム(八三三年没)である。その書を『預言者伝』と呼ぶが、ムハンマドの伝記のなかでもっとも広く流布している。イブン・イスハークの『マガーズィーの書』からイブン・ヒシャームが削った部分は、ある程度は他の歴史書に引用されて残っている。マガーズィー文学のもう一人の重要人物は、ワーキディーの弟子で書記でもあったイブン・サアド(八四五年没)である。彼の『伝記集成』は、ムハンマドの事跡に始まり、その弟子、その次の世代など四〇〇〇人以上が収録されている。ただし、ムハンマド時代については、編年体の伝記ではなく、主題ごとに論じられている。ムハンマドの伝記的データは、以上の三人の著作が基本となっている。

もう一つのジャンルである「ハディース」とは、もともと「語り」「言葉」を意味する一般語であるが、通例は「預言者のハディース」として、ムハンマドの言葉、行いなどを伝承したものとなっている。本書でも、すでに一、二のハディースを引用した。一つ一つのハディースは短く、マガーズィー文学、預言者伝のようなまとまりをもっていない。それらのハディースを集めたものを「ハディース集」というが、主題別に配列されたハディース集はわかりやすいものの、伝承経路別に配列されたハディース集は、いわば断片的情報が意味上の脈絡なく集積された形をしており、利用するのも容易ではない。主要なハディース集として、ブハーリー(八七〇年没)が編纂した『真正集』、ムスリム・イブン・ハッジャージュ(八七五年没)が編纂した『真正集』などがある。これは両方とも、主題別に配列されている。伝承経路別のハディース集としては、イブン・ハンバル（八五五年没）の『ムスナド』が著名である。

預言者伝とハディースの関係についていえば、前者は、ムハンマドについての情報データとしてのハディースを時系列的に並べたものともいえる。なお、預言者伝・マガーズィー文学とハディース集に加えて、他の初期の歴史書のなかに含まれているムハンマド時代に関する記述も、史料として用いることができる。いずれの史料もクルアーンほど信憑性《しんぴょうせい》が高いわけではなく、記述内容が相互に違ったり、いずれかにしか記載されていない事件もあるので、相当の考証と歴史的解釈が必要とされる。それについては、これまで研究がかなり蓄積されている。本書は思想史の立場からムハンマドに迫ろうとしているので、事実史的な部分については、おおむねこれまでの歴史的研究に依拠している。思想史の根幹に関わる史料批判、とくにハディースの問題については、第五章でもう一度ふれたい。

さて、長めの寄り道をしてしまったが、先を急ごう。ムハンマドがハディージャと結婚したところまで述べた。彼は二十五歳であった。

家庭生活

結婚してから預言者活動の開始まで、ムハンマドがそれなりに豊かで満たされた生活を送っていたことが想像される。特筆すべき悲劇的な事件は起こらなかった。子どもにも恵まれた。

長女のザイナブが生まれたのは、結婚して五年が過ぎたころである。続いて次女のルカイヤ、三女のウンム・クルスームが生まれた。四女のファーティマが生まれたのは、結婚一〇年目のことであった。当時のアラブ社会は男児を好み、女児をうとむ傾向があった。女児の嬰児《えいじ》殺しの習慣さえあったほどである。しかし、ムハンマドとその妻にはそのような性向はまったくなかった。二人は娘たちの誕生を喜んで迎えたようである。幼児殺しは、のちにクルアーンのなかで激しく非難されるが、もっと以前からムハンマド自身がそのような悪習を嫌っていた可能性は高い。

娘たちだけではなく、男児も誕生したが、いずれも夭折《ようせつ》している。人々の記憶にとどまるほど成長しなかったことも一因であろうが、夭折した息子たちについては、記録も曖昧《あいまい》である。イブン・ヒシャームの『預言者伝』によれば、カースィム、タイイブ、ターヒルの三人とされるが、著名な歴史家であるタバリー(九二三年没)の『歴史』にはアブドゥッラーというもう一つの名も記されている。ムハンマドは「アブー・アル＝カースィム」(カースィムの父)とも呼ばれていたから、カースィムという名の男児が誕生したことは間違いないであろう。彼は、長女のザイナブより先に生まれたという説と後という説がある。タイイブ(佳人)、ターヒル(清き者)は次男のアブドゥッラーの別名だという説もある。その説によれば、次男は預言者時代に生まれたためこのような別称をつけられたというので、四十歳を過ぎてから生まれたことになる。

いずれにしても、二人か三人の男児が生まれた。次男がイスラーム布教開始後に生まれたのだとすると、妻のハディージャはすでに五十代半ばを過ぎているから、この場合は高齢出産のゆえに赤子が生きがたいこともあったのかもしれない。はっきりしているのは、いずれも夭折したことである。

当時のクライシュ族は男児を尊んでいたが、また子どもの数、一族の人数の多さを誇る慣習をもっていた。クルアーンにはクライシュ族の態度について、「汝らは多寡《たか》の争いにうつつを抜かしている。しまいには墓を訪れる(埋葬された一族の数を数える〕ほど」〔多寡の争い章一～二〕と言及されている。また「アブタル」という語がある。子孫がなく、それゆえに将来のない者をさす、否定的な語である。イスラームの布教が始まったあと、ムハンマドに敵対する者たちは、「息子がみな死んでしまうムハンマドなどはアブタル（将来のない者）ではないか」とあざけった。そのことが、クルアーンの次のような言葉からうかがえる。

われは汝に豊潤（カウサル）を与えた。それゆえ、汝の主のために祈り、犠牲を捧げよ。汝を非難する者こそ、将来のない者（アブタル）である。〔豊潤章一～三〕

「豊潤《カウサル》」はクルアーンの解釈書では、天国の泉ないしは川の名で、そこから一口水を飲むものは二度と渇きを覚えることはない、ともいわれているが、素直に読めば、「数多い子孫」「子孫の栄え」と受け取ることも可能である。
男児はみな夭折したが、娘をとおしてムハンマドの子孫は広がっていくことになる。とくに四女のファーティマの二人の息子をとおして、子孫が末広がりに増える。しかし、それはずっとのちのことである。ムハンマドに話を戻すと、三十五歳のころ末娘が生まれ、五歳年長の長女を筆頭に四人娘がマッカの家で成長していった。

ムハンマドは四十歳になるころには、マッカ社会の現状を憂《うれ》いて、たびたびヒラーの洞窟に籠《こ》もって瞑想《めいそう》にふけっていたとされるが、夫、父としての責務を怠っていた様子はうかがえない。家族も不自由のない生活をして、満ち足りていた。しかし、彼が「アッラーの使徒」であると自覚するにいたって、生活は大きな変化をとげる。

預言者としての使命の開始については、次章で詳しく述べるが、ここに不思議なことが一つある。それは、彼が新しい啓示の公布という、アラビア半島では空前絶後の宗教活動を始めながら、家庭についてはそれまでどおりの生活を続けたことである。これは、非常に不思議なことに思える。ムスリムたちは、ムハンマドの生涯についてそのようなものだと教えられ、そう諒解しているゆえに、このことについても自明視し、何も疑問をもたない。しかし、私たちの知っている宗教家たちは、多くが禁欲的、現世否定的な要素を強くもっている。日本人であれば、たとえば、仏陀《ぶっだ》のように出家することのほうが「神の使徒」であるにはふさわしいのではないか、という印象をもつのは当然であろう。初期の啓示は、終末が近いことを警告し、来世を強調するトーンに満ちている。現世にうつつを抜かすことをやめ、アッラーに仕えよ、と強く主張している。しかし、それでもムハンマドは家庭生活をやめたわけではない。イスラームでは、来世のために生きることは、現世を否定することにならないのである。

家庭生活をうとんじるどころか、ムハンマドはむしろ家庭を基地に布教をおこなった。妻ハディージャはだれよりも早く彼を預言者と認めたが、マッカの人々は容易に納得しなかった。彼らによる嘲《あざけ》り、非難、批判に傷ついて帰宅する夫を励まし、勇気づけたのはハディージャであった。娘たちも、すぐに父親を信じたし、その後も信じつづけた。長女のザイナブは母方の従兄弟であるアブー・アル＝アースと結婚していたが、夫がイスラームに改宗しないために辛酸を極めることになる。両親への愛と夫への愛に引き裂かれたのであった。ムハンマドも、娘の苦難に心を砕いていたようである。そうした苦しみも含めて、ムハンマドは終生、夫として、父親として、さらに晩年は祖父としても、家庭人の務めをはたしつづけた。

預言者活動は四十歳から始まり、六十三歳の死まで続く。二三年近くにわたるその時期は、おおまかにマッカ時代とマディーナ時代に分かれる。マッカ時代は約一三年である。この時期は、おおよそ愛妻ハディージャとの二人三脚の時代と考えることができる。ムハンマドは家庭人として暮らしを続けながら、「預言者」という未知の生き方を懸命に追求した。

2 啓示の器

ヒラーの洞窟

ムハンマドがはじめて啓示を受けたころ、彼は定期的にマッカ郊外のヒラー山の洞窟に籠《こ》もって、瞑想《めいそう》にふけっていたという。この洞窟で大天使ジブリール（ガブリエル）の訪問を受け、「預言者」としての暮らしが始まることになる。

四十歳という年齢はどうであろうか。当時の平均寿命は算定しようもないが、平穏に長生きすることが容易な時代ではなかった。現に、彼自身の父親も二十代で病没している。その六年後に亡くなった母もまだ若かったであろう。祖父のアブドゥルムッタリブは百歳を過ぎて亡くなったともいわれるが、当時としては例外的な長寿であろう。ムハンマド自身は結果としては六十歳を過ぎるまで生きたが、彼の子どもたちは一人を除いて全員が父親より先に亡くなっている。彼の没後まで生きた末娘ファーティマにしても、三十歳前後で他界した。そうしてみるならば、四十歳という年齢がもはや若いとはいえないことがわかる。むしろ、新たな宗教を開始するには遅すぎるくらいの年齢であったのではないだろうか。遅咲きともいえるし、年齢に比して無謀な事業に乗り出したともいえる。

四十歳のムハンマドは、マッカのクライシュ族のなかで指導者として必ずしも傑出していたわけではなかった。信用・信頼される人物であったことは、「アミーン」(誠実者)と呼ばれていたことからも、わかる。前章でも簡単にふれたが、この五年ほど前にクライシュ族がカアバ聖殿を再建したことが記録に残っている。聖殿の一角には「黒石」がはめられていたが、元来隕石《いんせき》であったこの石は聖なる石とされており、再建された聖殿に石をはめ直す段になって、その人選でもめた。部族ごとに自分たちがこの名誉に浴そうと争った。あわや戦いになるところだったため、最長老が、次に聖殿に来た者に選出方法をまかせようと提案し、全員がその案に同意した。待ちかまえていたところ、やってきたのはムハンマドであった。「アミーン(誠実者)がやってきた。彼ならわれらも満足だ」と喜んだという。ムハンマドは布の上に黒石を置いて、それぞれの部族の者に布の端を引っ張って持ち上げさせ、石を据えつける位置まで来ると最後に自分で石をはめ込んだという。「誠実者」らしい解決策であった。彼が信頼されていたことは、この一事からもわかる。敵も少なかったであろうが、政治的な指導者というわけでもなかった。洞窟での瞑想を好んでいたことは、現世に欲が少なかったことを示唆する。

いずれにせよ、彼がこののち二三年弱のあいだに、世界史を劇的に変貌させせる巨大な世界宗教を確立してしまうことを思えば、それまでの人生はきわめて平凡であり平穏でもあった。

啓示の始まり

その「事件」が起きたとき、ムハンマドがマッカ郊外にあるヒラー山の洞窟にいたことについては、あらゆる伝承が一致している。

ヒラーの洞窟は、マッカ郊外のヒラー山にある。この山も木のない岩山である。山といっても、徒歩で小一時間で登れるほどの高さである。今日では「光の山」と呼ばれ、洞窟が「ヒラーの洞窟」とされるが、当時はヒラーの山にあるただの洞窟だったに違いない。

イブン・ヒシャームの『預言者伝』のなかの描写から、ヒラーでの出来事を取り出してみよう。この出来事を回想するムハンマドの言葉を伝えているのは、ウバイドという人物である。

私〔ムハンマド〕の眠っているあいだにジブリールが、一冊の本を入れた錦織りの手下げ袋をもって私のところにいらっしゃって、「朗読せよ」と私にお命じになりました。私が「何を朗読するのですか」と尋ねると、彼はその手下げ袋で私を押さえつけたので、私はいまにも死ぬかと思いました。やがて彼は私をゆるし、また「朗読せよ」とお命じになりました。私が「何を朗読するのですか」と尋ねると、彼はその手下げ袋で私を押さえつけたので、私はいまにも死ぬかと思いました。私がまた「朗読せよ」とお命じになりました。私が「いったい何を朗読するのですか」と尋ねると、彼はその手下げ袋で私を押さえつけたので、私はいまにも死ぬかと思いました。やがて彼は私をゆるし、また「朗読せよ」とお命じになりました。私は「いったい何を朗読するのですか」と尋ねまし

ヒラー山＊
現在は「光の山」。

(٩٦) سورة العلق مكية
وآياتها تسع عشرة
بسم الله الرحمن الرحيم
اقرأ باسم ربك الذي خلق ① خلق الإنسن
من علق ② اقرأ وربك الأكرم ③ الذي علم
بالقلم ④ علم الإنسن ما لم يعلم ⑤ كلا إن
الإنسن ليطغى ⑥ أن رءاه استغنى ⑦ إن إلى
ربك الرجعى ⑧ أرءيت الذي ينهى ⑨ عبدا
إذا صلى ⑩ أرءيت إن كان على الهدى ⑪
أو أمر بالتقوى ⑫ أرءيت إن كذب وتولى ⑬
ألم يعلم بأن الله يرى ⑭ كلا لئن لم ينته لنسفعا

クルアーン　凝血章
「読め！　創造なされた汝の主の御名によって」
現代のクルアーンより。

たが、私がそう言ったのは、彼が私にそれ以上繰り返さないように、そう言ったにすぎません。するとジブリールはおっしゃいました……〔嶋田襄平訳「マホメット伝」『インド　アラブ　ペルシア集』〕
ジブリール(ガブリエル)が発した言葉が、次のようなクルアーンの最初の啓示であった(本書のクルアーンの訳はすべて拙訳による)。
読め！「創造なされた汝《なんじ》の主の御名《みな》によって。かれは、凝血《ぎょうけつ》から人間を創られた」
読め！「汝の主はもっとも尊貴なお方、かれは筆によってお教えになった方、人間に未知なることをお教えになった」〔凝血章一～五〕
ブハーリーの編纂したハディース集である『真正集』には、洞窟の出来事のやや異なるバージョンが伝えられている。こちらは、ムハンマドの回想を、アーイシャが伝えている(彼女が語り手なので、ムハンマドは三人称となっている)。
天使が彼に現れて「誦《よ》め」と命じた。これに対して彼は「誦むことができません」と答えた。そこで天使は彼を捉え、苦しみに打ちひしがれたほど羽交い締めにしてから放し、また「誦め」と言った。彼は「誦むことができません」と答えた。すると天使は再び彼を捉え、苦しみに打ちひしがれたほど羽交い締めにしてから放し、また「誦め」と言った。彼は「誦むことができません」と答えた。すると天使は三度目に彼を捉え、苦しみに打ちひしがれたほど羽交い締めにしてから放し、〔上の章句を言った〕。〔牧野信也訳『ハディース――イスラーム伝承集成』〕
二つのバージョンは多少違いがあるが、事態はおおよそ再現できそうである。ウバイドにせよアーイシャにせよ、ムハンマドから事の顚末《てんまつ》を聞いたのは、ずっとのちのことである。したがって、そのときの事態はきちんと把握され、整理されて語られているはずである。ジブリールが持っていた錦の袋に木が入っていたことも、回想だからいえるのであろう。実際に起こったことは、はるかにわけのわからないことだったに違いない。
ムハンマドはだれもいないヒラーの洞窟で独りで過ごしていた。ウバイドのバージョンのように眠っていたにせよ、起きて瞑想していたにせよ、だれも来るはずのない場所である。そこに突然、だれかが現れた。しかも、唐突に「読め」と命じる。何のことか、わからないに違いない。そもそも、当時のマッカの住民のほとんどがそうであるように、彼は読み書きができなかった。読み書きのできない自分に、読むものもない洞窟で、「読め」とはいったい何の話なのか。「何を読めというのですか」ないしは「私は読むことができません」と彼は抗弁したのであろう。相手は、命令に従わないムハンマドに満足せず、実力行使に出た。

この時点では、相手が人間であるのか、天使やジン（幽精）の類《たぐい》であるのかも判然としない。締めつけられた彼が、殺されるのかと思っても不思議はないであろう。三度、死ぬほど苦しい目にあって、わけがわからないが、言うことを聞くしかないと思ったであろうか。ムハンマドに、相手は不思議な言葉を言い聞かせた。

ムハンマドは恐れおののいて、洞窟をあとにしたようである。『預言者伝』の表現では、山の中腹まで降りると、天から声が降ってきた。「ムハンマドよ、汝はアッラーの使徒なり。そして、われはジブリールなり」。見上げると、両脚で地平線をまたいだ巨大な男性の姿がそこにある。その者はふたたび、「ムハンマドよ、汝はアッラーの使徒なり。そして、われはジブリールなり」と呼

ヒラーの洞窟を訪れる信者たち＊
石版には「慈愛あまねく慈悲深きアッラーの御名によって。
読め！　創造なされた汝の主の御名によって。
かれは、凝血から人間を創られた」と書かれている。

ばわった。天使は、ムハンマドが唯一神アッラーによって人類への使徒として選ばれたことを宣言したわけであるが、ムハンマド自身はその意味をまったく理解していなかったであろう。ムハンマドはその姿を見つめて、動くこともままならなかったという。かろうじて顔を動かして反対方向を見ると、どうやって移動したのか、そこにも天地のあいだに屹立《きつりつ》する同じ姿が立っているのであった。進むことも退くこともままならず、ムハンマドは立ちつくしていたようである。あまりに帰宅が遅いので、ハディージャが人をやって夫を捜させるほど、時間が過ぎた。
恐れに震えながら、家に帰ったムハンマドは、ハディージャに「私に(衣を)かぶせてくれ、私にかぶせてくれ」と叫んだ。彼女に衣で覆ってもらった彼は、やがて愛妻の傍《かたわ》らで平静を取り戻し、事件を語った。衣をかぶっている姿は、クルアーンの次の章句に言及されている。
衣をかぶる者よ、夜は(礼拝に)立て、わずかな時を除いて。夜の半分、あるいはそれより少しだけ少なく(礼拝に立て)。[衣をかぶる者章一〜三]
ムハンマドはハディージャに、率直に自分がおかしくなったのではないかとの恐れと不安を訴えたようである。それに対して、一五歳年上の妻は、夫への信頼を露わにし、勇気づけた。上述のアーイシャのバージョンでは、ハディージャは「滅相もない、アッラーは決してあなたを辱めないでしょう。あなたは身内の者によくし、弱い者を支え、貧しい者に施し、旅人を温かくもてなし、世の変転の犠牲となった人々を助けているのですから」と言った。ちなみに、彼女が数え上げたムハンマドの美質は、当時のアラブ人の美徳観を示していて興味深い。これらはイスラームにも継承された。弱者や貧者の救済、旅人へのもてなしなどは、今日のアラブ世界でも人間味あふれる振る舞いとして、私たちが出会うことができる。

ハディージャは夫を慰めるだけではなく、従兄弟《いとこ》のワラカ・イブン・ナウファルの許に相談に行った。彼は当時のマッカには珍しいキリスト教徒だったようである。ワラカは、ムハンマドを訪れたのは大天使に違いないと断定した、と伝えられる。

この事態をいかに解釈するか

さて、いったい何がムハンマドに起こったのであろうか。私たちはムハンマドが体験したことを――そしてそれはさらに二〇年以上にわたって続くのであるが――どのように解釈すべきなのであろうか。

前提として、少なくとも、なんらかの超常現象がムハンマドの身に生じたことを認めることができる。多くの宗教体験がそうであるように、理性的・合理的な説明がつけにくい現象であることは間違いない。のちの啓示の機会について語ったハディースには、「或る時は、耳をつんざく鐘の音のようにわたしに臨み、それはわたしにとって最も苦しいのであるが、やがて途絶えると、わたしは示された言葉をしっかりと心のなかにつかんでいるのに気づく。また或るときは、天使が人の姿をとって現れてわたしに語りかけ、わたしはその言葉をはっきりと記憶する」［牧野信也訳］とある。厳寒の日に、啓示を受け取ったムハンマドの額から汗が滴《したた》り落ちた、という伝承もあるから、「啓示を受け取る」ことが特異な体験をともなっていたことがわかる。

さて「天使が現れて啓示をもたらす」というムハンマドの体験をどう解釈す

べきであろうか。もし、実際に天使が訪れて、唯一神アッラーの言葉を啓示としてもたらしたのだというならば、私たちはすでにイスラームを信じたことになる。預言者とは「神の言葉を預かる者」を意味するのであるから、ムハンマドを預言者と認めたことになる。しかし、それは一般読者の多くがとる立場ではない。

逆は、どうであろうか。神も天使も実在しないが、ムハンマドは天使が来たと思い、神が実在すると思った——この言い方は一見もっともらしいのであるが、じつはこれでは、何も理解したことにはならない。私たちは神も天使も信じませんが、ムハンマドは思いこみに陥ったようです、と言明したことになるだけである。つけ加えていえば、だからイスラームはよくわかりません、ということになる。とはいえ、ムハンマドを理解するために、まず神と天使の実在について賛否いずれかの立場をとらないとならないのであれば、いささか困ったことになる。

ここでは、この二つのどちらでもない立場をとる。それは、思想や宗教的想念がもつ実体性を人間社会の基本要素としてとらえるという立場である——が、こういっただけでは、読者には合点がいかないことと思う。この問題は、ムハンマドの生涯についてそれなりに把握したうえで、第六章で詳しく論じたい。

今、大事なことは、天使ジブリールの訪問は当のムハンマドにとってまさに実体験として起こった、ということを理解することである。ムハンマドはたしかに、ジブリールから「啓示」を受け取った。そして、それを「啓示」として示したとき、妻をはじめとして、彼が信頼をおいていた何人かがそれを信じた。彼らは、ムハンマドを「アッラーの使徒」と認めたのである。そのことが、彼自身の確信をさらに深めさせたであろう。彼は「啓示の器」たることを、引き受けた。

続く二三年近くの生活は、ムハンマドにとって、アッラーとコミュニケーションをもった年月であった。啓示は、さまざまなときに下った。ときには予期しないときに、思わぬ内容で下ったし、ときにはムハンマドの必要に応えて啓示が下された。場合によっては、彼の祈りにもかかわらず、啓示が下されるまで長い時間が過ぎるときもあった。いずれにしても、彼は啓示されたクルアーンの言葉を指針として、その「導き」に従って生きつづけた。

私たちは現在から振り返ってみているから、イスラームを伝える彼の「責務」が無事はたされたことを知っている。しかし、当時の彼に、自分に課せられた巨大な任務が貫徹できるという確信があったとは思えない。たしかに、四十歳という年齢は、新たに世界宗教を始めるのに決して早いとはいえない。いつまで自分の寿命が続くか、当人にはいかなる確信ももちえないであろう。

にもかかわらず、彼はなんの躊躇《ちゅうちょ》もなく、命じられた道を歩みつづけた。彼は全能のアッラーを信頼し、そのアッラーが定めた自分の役割に確信をもっていたのであろう。そのような信頼感や確信というものは、人の人生においてたしかな手応えがなければ成立しえない種類のものである。人間は、虚妄を信頼して自己の人生を預けたりはしない。

その意味において、ムハンマドはアッラーの実在をたしかに感じた。天使ジブリールは、それ以上に五感に手応えのある実在だったであろう。そして、神とその使徒のあいだの交感が成立したのである。それだけではなく、彼の弟子たちもそれを体験しながら、生きた。

クルアーンの表現形態も、アッラーが直接ムハンマドに向かって、あるいはムハンマドをとおして人間に語りかける、という様式をとっている。天使は、それをそのまま運んでくるだけである。つまり、ムハンマドもその弟子たちも、実在するアッラーと直接的に対話して二三年間を過ごしたことになる。クルアーンは、その対話のアッラー側の言葉だけが記録されているのであるが、当事者たちは自分の側の対応も、あるいは自分の内面もよく知っているから、そこにはきわめてヴィヴィッドな交感があったはずである。

この点を理解しないと、ムハンマドという存在もイスラームの誕生も理解しがたい。

非公然の布教期

ところで、ヒラーの洞窟の事件のあと、啓示はいったん途切れる。妻の励ましとワラカの助言によって、ムハンマドは自分に与えられた使命をはたす決意をしたものの、しばらく天使が訪れず怪訝《けげん》に思ったようである。当時のムハンマドは、新しい事態がどこへ進んでいくのか、想像もつかなかったであろう。いまだ、「アッラーの使徒」なる者がいかなる存在で、どのような機能をもつのか、わかってはいなかった。

断絶期は——その長さについて多少異説はあるが——半年ほど続いた。やがて、啓示は再開し、啓示と啓示の間隔はさまざまであったにせよ、以降は絶えることなく、クルアーンの啓示が続いた。「読め！」が最初の言葉であったことは、ほぼ疑いを入れない。しかし、再開後の最初の言葉がどれであったかは、ムスリムの学者にしても欧米の研究者にしても、確言することはできない。私たちが手にすることができるクルアーンは、七世紀半ばの正典化を経て、章・節の順番が決められている版であるが、その順番は啓示を時系列的に並べたものではないのである。クルアーンの章の配列がいかなる原則に基づいているかについては複雑な議論があり、それを論じるだけで一冊の研究書が必要とされる。それを省いて結論だけをいえば、ほとんどの章句について、おおまかな啓示の時期は判断できるものの、細かな前後関係については確定的なことはいえない。特定の章句が特定の事件と結びついていることがわかっている場合にしても、事件をすべて時系列的に並べられるわけではないからである。

おそらくは、次の章句が再開後の最初の言葉と思われる。

衣にくるまる者よ、立ち上がって警告せよ。汝の主はこれを讃《たた》えよ。汝の衣はこれを清めよ。けがれはこれを避けよ。(利得を)増やそうとして施すなかれ。汝の主のためには忍耐せよ。そしてラッパが吹かれるとき、それは苦難の日である。不信仰者にとって、容易ではない(日である)。〔衣にくるまる者章一〜一〇〕
簡潔ではあるが、メッセージの趣旨は明確であろう。ムハンマドは「警告者」としての役割を与えられた。主＝アッラーを讃えること、清浄を保つこと、施しは貧者のためであること、主のために忍耐することなどが命じられ、さらに「警告」の内容が明示される。それは、世界の終末の訪れと審判の日をめぐる警告である。
初期には、命令を下す短い章句が多い。一番最初は、「読め！　創造なされた汝の主の御名《みな》によって」であったし、次は「衣にくるまる者よ、立ち上がって警告せよ」、そして「衣をかぶる者よ、夜は(礼拝に)立て」も命令である。「汝の至高の主を讃えよ」〔至高者章一〕もある。使徒の務めを命じる言葉が多いのは、最初期の啓示としては当然というべきであろうか。

しかし、「立ち上がって警告せよ」とはいっても、じつは、当初からマッカ全体に布教をするよう命じられたわけではなかった。近親者・友人にひそかに語る日々が、およそ三年にわたって続く。「汝の近親者たちに警告せよ。汝に従う信徒には、汝の翼を低く下げよ。もし彼らが汝に背くならば、私はあなたたちのおこなうことに責任はない、と言え」〔詩人章二一四〜二一六〕とある。カアバ聖殿に近いサファーの丘に立って語ったこともあるが、対象は直接の血縁者であった。入信者も、初めのうちは親しい者に限られていた。

一番最初にムハンマドが「アッラーの使徒」であることを認めたのは、妻のハディージャであった。彼女が最初のムスリムであることについては異論は存在しない。彼女が相談をした従兄弟のキリスト教徒ワラカは、ムハンマドを訪れたのは大天使であると言ったが、すでに高齢であった彼はムスリムにはならずに死んだようである。ハディージャのあとに続いたのがだれであるか、明確な順序は定めがたい。通例は、成人男子の最初がアブー・バクル、未成年者の最初がアリー、解放奴隷の最初がザイド・イブン・ハーリサとされている。アリーは、ムハンマドの従弟《いとこ》であったが、彼が手元で養育していたのであり、ザイドは奴隷であった者を解放したあと養子にして養っていたのであるから、いずれも家庭内の者とみることもできる。

それに対して、アブー・バクルは家庭外の人物である。彼はムハンマドの親しい友人で、年齢的にも近かった。彼は富裕な商人で、人徳もあり、マッカ社会でも重きをなしていたから、彼を通じてムハンマドを信ずる者も現れた。たとえば、ウスマーン・イブン・アッファーン、ズバイル・イブン・アウワーム、アブドッラフマーン・イブン・アウフ、サアド・イブン・アブー・ワッカース、タルハ・イブン・ウバイドッラーなどがあげられる。

カタカナの名前を羅列しても、アラビア語になじみのない読者にはあまり要領をえない話かもしれない。一つだけ注釈をしておくと、「イブン」は「……の息子」を意味する。彼らはいわゆる姓をもっていないため、「アッファーンの息子ウスマーン」「アウワームの息子ズバイル」というように呼ばれていた。ウスマーンはウマイヤ家の出身で、血縁的にはムハンマドとそれほど近くはない。ズバイルはムハンマドの従兄弟であると同時に、ハディージャにとって甥《おい》であった。「アブー・ワッカースの息子サアド」についていえば、アブー・ワッカースはムハンマドの母の従兄弟であるので、サアドはムハンマドにとっては再従兄弟《はとこ》にあたる。タルハはアブー・バクルと同じタイム家の出身であった。いずれにせよ、非公然期の入信者たちであるから、ムハンマドとは近しい関係にあった。じつは、ここに名前のあがった人々は、いずれものちにイスラーム共同体の長老たちとして歴史に名が残る。しかし、ここで、のちの功績によって彼らがだれであるかを語るのはやめにしたい。この時点では、ムハンマドを信頼して新奇な教えを信じた、いわば突出した人々であり、その大半は若者であった。

三年のあいだにイスラームに帰依《きえ》した者の数は、およそ三〇名程度とみられる。密かに布教している時期に、布教を受けた者がすべてムハンマドを信じたわけではない。むしろ、彼を信ずるほうが少数であった。結果として、ムハンマドが父祖の宗教に背く教えを広めようとしていることは、しだいにマッカの人々に知られ、それに対する批判・妨害もなされるようになった。むしろそうした現実によって、公然と布教活動をせざるをえないときがきたといえよう。

公然の布教と多神教徒の反撃

公然の活動をうながす啓示は次のような内容であった。
言え、「私は明らかな警告者である」。(布教を妨害するためにマッカの道を)分割する者たちにも、われは(警告を)啓示した。彼らはクルアーンをばらばらにした。それゆえ、汝の主にかけて、(審判の日に)必ずや彼ら全員を問うであろう、彼らのおこなっていたことについて。それゆえ、汝が命じられたことを公に語れ。そして、多神教徒から遠ざかれ。まことにわれは、嘲笑者《ちょうしょうしゃ》たちから汝を守るであろう。彼らはアッラーとともに他の神をおくが、やがて(その結果を)知るであろう。われは、汝が彼らの言うことで胸を締めつけられるのをよく知っている。それゆえ、汝の主を讃え、サジュダ(平伏礼)をする者の一人であれ。そして、明証が訪れるまで、汝の主に仕えよ。〔ヒジュルの民章九四〜九九〕
この章句のなかの「分割する者たち」については、いくつか解釈が分かれる。カアバ聖殿を擁するマッカは、イスラーム以前においても宗教的中心地で、巡礼の季節には各地から巡礼者が訪れた。彼らに対して、ムハンマドたちの言葉を聞かないよう反対宣伝をするために、クライシュ族の者たちがマッカの交通路を「分割して」担当し、要所に立っていたことをさしている。とここでは理解したい。「クルアーンをばらばらにした」というのは、「断片に分けた」という意味であるが、具体的には、巡礼者たちに対して「ムハンマドは、啓示と称して、このようなものを語っている」と攻撃したことをさす。彼らはあちこちで、クルアーンの断片的章句に言及し、それを「詩」「魔法」「ジン(幽精)憑《つ》き」などと批判した。さらに、「嘲笑者」たちは、ムハンマドのあとをつけて、「この者は自分が預言者だと主張している」と周囲の者に大声で言って、あざ笑ったりしていた。

内々に、平穏に布教を続けることには、もはや意味がなくなったということであろう。この章句は、ムハンマドに「汝が命じられたことを公に語れ」と命じている。「そして、多神教徒から遠ざかれ」という。多神教との断絶と解することもできるが、イスラーム布教に対して嘲笑や迫害をもって攻撃する者を避けよ、という意味であろう。対決は勧められていない。

当時のマッカ社会でムハンマドが誠実な者として知られていたことは、すでに述べた。ムハンマドは、啓示に命じられるままに、善意をもって誠実に伝えているつもりであったろう。それに対して、嘲笑や誹謗《ひぼう》が返されることに彼が心を痛めていた様子は、「汝が彼らの言うことで胸を締めつけられるのをよく知っている」という言葉に示されている。

ムハンマドが「啓示」としてもたらした言葉は、無力だったわけではない。もちろん、ムハンマドからの誘いを受けて彼を信じた者は、それを絶対者から送られた超常的な言葉と認めたが、それを拒絶した者も、クルアーンがもつ言語的な力を知覚した。

当時のアラビア半島は部族社会である。部族はそこに帰属する者にとって、もっとも重要なアイデンティティを与える共同体であり、安全を保障し、出自に誇りをもたせてくれる存在であった。さらに、半島全体を支配する統一的な政府はなく、部族同士はたがいに優劣を競っていた。その一方で、それは詩人たちが活躍する社会であった。

そのことを理解するためには、遊牧的な社会における言語の価値、というものを考える必要がある。クライシュ族はマッカに定住した部族であるが、彼らを含めて、アラビア半島の諸部族は遊牧的な世界に暮らしていた。都市および農村の定住民は生産物を蓄積し建物を増やすが、遊牧民が持ち運べるものは限られている。優れた絨毯《じゅうたん》、身につける装飾品とならんで、美しい言語は彼らが自由に運ぶことのできる最良の財産の一つである。このことは五〜七世紀のアラビア半島をみれば、はっきりしている。文化財としての言語は、ここでは「詩」という形をとった。たとえば、部族の戦いは戦闘だけではなく、詩人の戦いでもあった。勇敢な戦いは、それを讃える優れた詩によってはじめて半島全域に流通するメディアを獲得する。

「神の言葉」が超常的な性質を有するものであるとすれば、詩の言語と雄弁が一つの頂点を極めていた「詩人の時代」のアラビア半島人は、その審判者たる資格をもっていたであろう。クライシュ族の人々は、審判者として、クルアーンの力を認めた。しかし、それゆえ神の啓示である、という結論には賛成しなかった。その言語的な力に対する解釈として、彼らがムハンマドに投げつけた批判を、次のような章句からみてとることができる。

否、彼らは言った、「(それは)夢の寄せ集め。いや、彼の作り事。いや、

彼は詩人なのだ」と。〔諸預言者章五〕
この時代には狂気は「ジン」（幽精）が取り憑くことで生じると考えられていた。アラビア語で「狂人」を表す「マジュヌーン」は「ジンに取り憑かれた者」の意である。ムハンマドがもたらす尋常《じんじょう》ならざる言葉を、その超常性を認めつつ「ジン憑き」に起因するものと主張することは、クライシュ族の好んだ議論であった。
彼らは「アッラーのほかに神なし」と言われると、つねに高慢な態度を示し、「ジン憑きの詩人のために、われらが神々を捨てることがあろうか」と言っていた。〔整列者章三五～三六〕
信仰しない者たちは、訓戒〔クルアーン〕を聞くとき、彼らの〔凄《すさ》まじい〕目つきで汝〔ムハンマド〕をにらみつけ、「まことに彼はジン憑きだ」という。これ〔クルアーン〕は、諸世界のための訓戒にほかならない。〔筆章五一～五二〕
クルアーンの言語的な力は、魔術による魔力とも解された。
そして彼は言う、「これは古《いにしえ》からの魔術にすぎない。これは人間の言葉に

すぎない」。［衣にくるまる者章二四～二五］
また、当時の偶像崇拝にはシャーマン（巫者《ふしゃ》）的な存在として「カーヒン」もいたから、ムハンマドを「カーヒン」に擬する者もあった。クルアーンは、彼らの非難を記録するとともに、それに反論している。
まことにこれは、高貴な使徒の言葉である。それは決して詩人の言葉ではない。（それなのに）汝らはごくわずかしか信じない。それはカーヒンの言葉でもない。（それなのに）汝らはごくわずかしか考えようとしない。（これは）諸世界の主からの啓示である。［真実の日章四〇～四三］
それゆえ訓戒せよ。汝の主の恩寵《おんちょう》によって、汝はカーヒンでもジン憑きでもない。それとも彼らは「（彼は）詩人だ。彼に時の悪運が来るまで待とう」と言うのであろうか。（それなら）言え、「待つがよい。私も汝らとともに待つであろう」。あるいは、夢が彼らにこれを命じているのであろうか。あるいは、彼らは無節操な民なのか。それとも、（啓示を）彼（ムハンマド）の作り事というのか。否、彼らは信じていない。もし、彼らが真実を語っているというならば、同じような言葉をもたらすがよい。［山章二九

〜三四〕
クライシュ族に対して、クルアーンを疑うなら、クルアーンの章句と同じようなものをつくってみせよ、という挑戦がなされている。そんなことは簡単さ、と応えた言葉は、
またわが徴《しるし》〔章句〕が彼らに読誦《どくしょう》されたとき、彼らは言った、「すでに私たちは聞いている。もし私たちが望むならば、これと同じようなことを言うであろう」。〔戦利品章三一〕
と記録されている。しかし、実際に対抗する言葉をつくった記録はない。クライシュ族は、クルアーンに対して「詩人の戦い」を挑まなかった。あるいは、挑もうとする試みが密かになされたが、だれも公表するに足る作品をつくることはできなかったのかもしれない。
ところで、ムハンマドは「アッラーの使徒」と名乗ったが、同時に、啓示を受け取ることを除けば一人の人間にすぎない、ということも自明であった。クルアーンは神の絶対性を強調しており、唯一神に対していかなるものを並べ立てることも禁止した。預言者といえども、神格化は許されない。

このことはイスラームの教えの特色の一つであるが、クライシュ族からみると、絶対神の使徒を名乗る者が単なる人間であることは逆に不満であった。なぜ、単なる人間なのか。さらに、なぜ、ムハンマドなのか。アッラーの使徒というような高貴な役割があるならば、何もハーシム家の一員が選ばれることはないではないか。彼らの部族的・血統的矜持《きょうじ》からすれば、クライシュ族を代表すべき家柄、人物はほかにもいた。
なぜ、ただの人間が？　という問いに対して、クルアーンの返答は平易である。
彼らは言う、「なぜ、彼〔ムハンマド〕に天使が下されないのか」と。もしわれが天使を下したならば、事はすでに決し、彼らは猶予《ゆうよ》されなかったであろう。〔家畜章八〕
宗教体験においては、超常現象をともなうことは不思議ではない。いわゆる「奇跡」を示すことは、預言者、神の使徒などを名乗る人物におおいにありそうなことである。しかし、ムハンマドの伝記的事跡には、奇跡に類する行為は非常に影が薄い。ムハンマドにとっては、啓示としてクルアーンを示すことだけが、神の徴であった。たとえば天使を人々に見せたり、天から金を降らせるといった奇跡によって自分の権能を示す道は、彼にはなかった。クルアーンは、終始一貫して、言葉による証明、説得、勧誘、場合によっては威嚇《いかく》、などを駆使して、教えを説きつづける。自分の判断と意思によってアッラーを認めよ、という要求は、イスラームの大きな特徴をなしているであろう。

対立と迫害

クライシュ族は、なぜムハンマドが高貴な使徒なのか、使徒に人間が選ばれるならばなぜ他の者ではないのか、という疑問をもった。
彼らは言う、「なぜ、このクルアーンは二つの町の有力者に下されなかったのであろうか」。〔装飾章三一〕
「二つの町」とはマッカとターイフである。ターイフは有力部族の一つサキーフ族が支配していた。このような疑問に対するイスラームの答えは、彼がそれにふさわしい家柄であるというような説得ではなかった。むしろ、そのような伝統に立脚する部族社会の否定であった。出自、勢力、富などを基準とする社会そのものに、ムハンマドたちは挑戦したのである。
商業で栄えながら、貧者に冷たい社会は、厳しく批判された。
汝は審判を虚偽だと信じない者を見たか。それは、孤児を手荒く扱う者であり、困窮者のための食物（を与えること）を勧めない者である。［慈善章一〜三］
部族の勢力を誇り、富貴に任せて享楽的に生きることも、批判された。
汝らは多寡の争いにうつつを抜かしている。墓を訪れる（埋葬された）族の人数を数える）ほどに。……汝らは獄火を見るであろう。そして、確信の目をもってそれを見るであろう。その日、汝らは（現世の）享楽について問われるであろう。［多寡の争い章一〜二、六〜八］
災いあれ、すべての中傷者、誹謗者に。それは財を集め、数える者。［中傷者章一〜二］
災いあれ、計量をごまかす者たち。彼らは、人々から計って受け取るときは十分に取り、人々に渡すために計るときは量を減らしている。［計量をごまかす者章一〜三］

クルアーンはアッラーを信仰し、偶像崇拝と多神教を捨てるように、厳しく要求した。
言え、「私は汝らと同じ人間にすぎないが、私に啓示が下された。汝らの神は唯一の神である。それゆえ、まっすぐに彼に向かい、彼の赦《ゆる》しを乞え。多神教徒に災いあれ。彼らは〔貧者のための〕喜捨《きしゃ》もせず、来世についても信じない」。〔解明章六〜七〕
その日〔審判の日〕、彼らに呼びかけられる、「われ〔アッラー〕の同輩〔神々〕はどこにいるのか」と。彼らは言う、「申し上げます。私たちのなかにはだれ一人証人はおりません」。〔同四七〕
社会的な悪習も否定された。
〔嬰児《えいじ》殺しで〕生き埋めにされた女児が〔復活の日に〕問われるとき、いったい何の罪で殺されたのか、と。〔包み隠し章八〜九〕
男児を好み、女児を生き埋めにする悪習は、男系的な部族主義に立脚している。それが批判の的となり、部族主義のなかで尊敬されるべき父祖たちは、偶像崇拝の多神教徒として、徹底して批判された。

（偶像神は）汝らと汝らの父祖が名づけた名称にすぎない。アッラーはそれにいかなる権威も授けなかった。彼らは憶測やおのれの欲望に従っているだけである。［星章二三］

要するに、その教えはクライシュ族の伝統と慣習を、全面的に否定するものであった。

クライシュ族の人々は、かつては温厚で誠実な人物と目されていたムハンマドを、いまや嫌い、攻撃の対象とした。彼はハーシム家の一員であったから、その長であるアブー・ターリブに保護をやめるように、要求もした。アブー・ターリブはその要求に屈することはなかったが、ムハンマドに布教のトーンを下げるよう頼んだこともあったようである。

イスラームを信じた者のなかには、弱小部族の出身者や、部族的な保護を受けていない者もいた。あるいは、彼らが属する部族が、全体として反イスラームに邁進《まいしん》している場合もあった。彼らは、いずれも直接的な迫害の対象となった。

例としてしばしば言及されるのは、ヤースィルとその妻のケースである。ヤースィルはイエメンの出身で、マフズーム家のハリーフ（同盟者）としてマッカに住んだ。ハリーフというのは、だれかを保護者として身を寄せた者の意で、直接帰属する部族がない者もハリーフになることで保護を得ることができた。マッカの住民はクライシュ族であったが、同時に彼らがハリーフとして保護した者たちも多く住んでいた。ヤースィルの保護者は、自分の女性奴隷スマイヤを彼に娶《めと》らせ、子どもが生まれると彼女を解放した。マフズーム家としては、彼らに厚意を示したということであろう。しかし、ヤースィルとその妻スマイヤ、二人の息子は早くに――マフズーム家の側からみれば勝手に――イスラームに帰依した。それがために、彼らはマフズーム家の者に拷問《ごうもん》された。拷問の現場に通りかかったムハンマドは、他部族に介入することはできず、なすすべもなく、「耐えよ、ヤースィルの一族よ。汝らの行く末は楽園ぞ」と声をかけたという。スマイヤも節を曲げずに、命を失った。

また、エチオピア系のビラールは、奴隷身分の者としては最初の入信者であった。成人としてアブー・バクルの次であったともいわれ、最初期の入信者であるが、ジュマフ家の奴隷であったため過酷な弾圧を受けた。マッカの夏の灼《しゃく》熱《ねっ》のなかに引き出され、胸に巨岩をのせられ、「死ぬか、ムハンマドを否定するか、どちらかを取れ」というような拷問にあった。アブー・バクルの支払いによって奴隷身分から解放され、ようやく迫害を逃れることができた。

迫害の激しさに、紅海の対岸にあるハバシャの国(エチオピア)への避難もおこなわれた。詳細については異説もあるが、マッカ時代には二次にわたる移住がおこなわれた。当時すでにエチオピアはキリスト教国であり、その王は新しい一神教に従う客人を保護した。王に対して、移住した信徒たちは、イエス・キリストとその母マリアを讃えるクルアーンの章句を朗誦して、その信を得たともいわれる。

ジャーヒリーヤ時代

そもそも、クライシュ族および同時代のアラブ諸部族は、どのような宗教を信じていたのであろうか。それは通常、多神教であり、偶像崇拝であったとされる。イスラームはその時代を「ジャーヒリーヤ時代」と呼んでいる。その語根のジャフルとは無知を意味する。真の神を知らない、無知の時代ということになる。日本語では仏教から借用して「無明時代《むみょう》」と訳されているが、「無明」という言葉には、迷いの根本であり煩悩《ぼんのう》の根源をなすものというような意味は薄い。

しかし、実際のところ、彼らの宗教の本当の実態はよくわからない。異文化の宗教を研究するうえでの私の基本的立場は、宗教とは思想現象であり、それを理解するためには、彼らの文化の内的論理を把握しなければならない、というものである。その立場からいえば、ジャーヒリーヤ時代の宗教についても、その内在的世界観を理解する必要がある。しかし、宗教思想的な内面を記録したものはほとんど残っていない。クライシュ族もアラビア半島の他の部族も、やがて皆イスラームに改宗し、以前の宗教を否定的な文脈でのみ語るようになった。

クライシュ族は貿易の繁栄によって、非常に現世的で享楽的な生活を送っており、多数の偶像を配した多神教も、宗教的・内面的な実態からいえば退廃していた、という見方もある。社会的にも退廃的な慣行が多くあり、大きな社会変革を必要とするような社会だった、ともいわれる。

クルアーンのなかには、いくつか偶像神が言及されている。「汝らはアッラートとウッザーのことを考えたか。そして、三番目のマナートのことを」〔星章一九～二〇〕とあるが、アッラートは立方体の石で太陽神、ウッザーは三本の樹で金星神、マナートは黒石で運命の女神とされる。偶像神は宗教的な意味だけではなく、部族的結合を象徴する側面をもっていたようにみえる。アッラートはサキーファ族、ウッザーはクライシュ族やキナーナ族、マナートはハズフジュ族、アウス族というように、特定の部族と関わりが深かった。

ジャーヒリーヤ時代の彼らは、アッラーという神の存在を知っていたのであろうか。そう判断できる材料はある。たとえば、「あるいは、汝らには息子があり、かれ〔アッラー〕には娘があるというのか」〔山章三九〕という表現がある。これはクライシュ族が、天使を「アッラーの娘たち」と言っていたことを反映している。アッラーという神はジャーヒリーヤ時代にも知られており、最高神と理解されていたようである。にもかかわらず、彼らが依存し、祈願の対象とするのは、身近な偶像だった。多神教の神々が偶像であったのに、アッラーには偶像はなかった。

イスラームは、それが新奇な教えではなく、人類の祖アーダム(アダム)から連綿として続く一神教の系譜に位置すると主張する。
自らを清め、その主の御名を唱え、礼拝をする者は成功する。しかるに、汝らは現世の生活を好む。来世こそはよりよく、永続する。まことにこれは古《いにしえ》の啓典のなかにある(教えである)。(それは)イブラーヒームとムーサーの啓典。[至高者章一四〜一九]
イブラーヒームは旧約聖書の大族長アブラハムであり、ムーサーは五書と律法を授かったモーセである。カアバ聖殿はイブラーヒームが建立したものであり、その時代には純粋な一神教があった、とする。
そうであれば、ジャーヒリーヤ時代の多神教・偶像崇拝は、そこから「堕落」したものということになるが、クライシュ族は必ずしもそれを否定してはいない。
わが徴(章句)が読誦されると、彼は「それは古人の物語にすぎない」と言う。[筆章一五]
クライシュ族の奉ずる多神教は「父祖の宗教」とされているから、直接的な祖先たちが伝えている伝統である。それに対して、クルアーンが「古人の物語」であるということは、それ以前の宗教と似ているとの認識を示唆している。
ジャーヒリーヤ時代の思想とイスラームが対立する最大の点は、来世をめぐる問題であったように思われる。マッカの社会が現世的で享楽的であったのは、何よりも現世だけの実在を信じていたからであろう。クルアーンは最初期から、この世の暮らしには死後も続きがあって、いつか裁きがあるということを強調している。それに対して、クライシュ族は深刻な疑問を呈していた。

彼らは言う、「われわれが死んで、土と骨になったとき、われわれがよみがえらされるというのであろうか」。〔信徒たち章八二〕
彼らは言う、「われわれがやがて最初の（生前の）状態に戻されるというのであろうか。われわれは朽ち果てた骨になっているというのに」。〔引き離す者章一〇～一一〕

クルアーンは唯一神が天地と世界の創造主であることを強調するが、それは部分的には、来世の復活を証明するためである。

そして彼らは言う、「われわれが骨と土になったあと、新しい創造物としてよみがえらされるというのであろうか」。彼らは、天と地を創造したアッラーが、同じようなものを創造できることがわからないのであろうか。〔夜の旅章九八～九九〕
彼らは、天と地を創造し、その創造に疲れることなきアッラーが、死者を再生できることをわからないのであろうか。〔砂丘章三三〕
クルアーンは言語的な力を駆使して、来世の情景を描き出している。アッラーとムハンマドを信じて楽園に入り、豊かで安らかな生活を得る者と、神と来世を否定して、火獄に落とされ、はてしない苦しみを得る者の姿を活写し、イスラームへの帰依を迫った。
先に述べたように、当時のアラビア半島人は、詩人の世界、言語的イメージの世界に生きている。絵画的・造形芸術的な要素が弱かったことは、彼らの奉ずる偶像が自然石や輸入されたギリシアの彫像だったりすることからも判然とする。優れた仏師などによって造形的イメージが人々の想像力をかきたてる文化と比べてみれば、その違いは明白であろう。そのかわり、優れた言語的表現は、彼らの想像力を刺激し、ありありとしたイメージを彼らに見せることができた。

来世の姿が言語的イメージをとおして目に見えるものになるとき、ジャーヒリーヤ時代は根底から揺らがざるをえない。それは、現世だけのリアリティを前提としているからである。イスラームへの入信者は数が限られていたにせよ、クライシュ族全体を不安におとしいれるだけの思想的な力が生じていた、とみるべきであろう。対立はぬきさしならない段階へと進む。

危機の時期へ

クライシュ族は父祖の宗教と自分たちが支配する社会環境を守るために、全力をつくした。しかし、アブー・ターリブは、本人はイスラームを信じないにもかかわらず、ハーシム家の一員としてのムハンマドを保護しつづけた。クライシュ族の指導者たちは、その保護を取り消させようとしたが、説得に失敗した。そこで、ハーシム家のボイコットという戦術に訴えた。ボイコットのあいだ、通婚せず、商取引もせず、いかなる援助もおこなわない。現代風に表現すれば、特定部族に対する政治的・経済的制裁であろう。ボイコットはおよそ一年に及んだが、その期間中、ハーシム家の人々はたがいに助け合ってこの仕打ちに耐えた。彼らの大半はムハンマドの教えに従う者ではなかったから、この連帯は部族的紐帯《ちゅうたい》のなせる業《わざ》といえよう。

ボイコットは結局なしくずし的に消滅した。しかし、ボイコットによって、布教活動が阻害されたことは間違いない。全体としてみれば、クライシュ族がおこなったさまざまな反イスラーム・キャンペーンは成功したというべきであろう。ムハンマドはクライシュ族が全体としてクルアーンの啓示に納得し、イスラームを信じてくれることを期待していたかもしれない。しかし、マッカ時代のイスラームは、ついにごく少数の信徒しか獲得することができなかった。

マッカでの布教生活がおよそ一〇年を迎え、思想的・社会的対立が深刻なものとなったころ、ムハンマドは、大きな危機の時期を迎えた。妻ハディージャ、伯父アブー・ターリブがあいついで亡くなったからである。

3 神の使徒

悲しみの年

ハディージャが没した同じ年に、伯父のアブー・ターリブも亡くなった。この年はのちに「悲しみの年」と呼ばれるようになるが、二人の死によってムハンマドは二重に打撃を受けた。二人が亡くなった時期を正確に確定することはできないが、妻が先に、ほどなく伯父が亡くなったようである。

ハディージャと暮らした四半世紀は、家庭人としてのムハンマドにとって幸福な時期だったであろう。移住のあと、ムハンマドはおよそ一〇人の女性と結婚したが、ハディージャが生涯を通じて最愛の妻であったことは疑いを入れない。晩年の愛妻であったアーイシャは、ムハンマドの死後、「私はハディージャに嫉妬《しっと》したほどに他の女性に嫉妬したことはありません。彼女は預言者が私と結婚する三年も前に亡くなっていましたが、私は彼が彼女を讃《たた》えるのをしばしば耳にしました」［ムスリム・イブン・ハッジャージュ『真正集』］と述懐している。ハディースのなかに、ムハンマドが、妻となる女性の魅力として、信仰、富、美貌の三点をあげたものがある（ティルミズィー『スナン』）。これははたして一般論を述べた言葉だったのであろうか。女性の魅力として富をあげることは、やや一般性を欠く。とくに、イスラームが男性が家族を扶養する義務と能力をもつべきことを強調している点からは、意外の感を受ける。この言葉はハディージャを念頭においたものではなかったか。彼女は、これらをすべてかねそなえていた。

ハディージャとの結婚によって、ムハンマドは家庭的に満たされた。それだけではない。のちに「預言の器」という困難な責務を引き受ける事態が招来すると、ハディージャの信頼と励ましが大きな支えとなった。彼女はただちに最初の信徒となったが、非公然期には、新しい教えを広めることは夫婦の事業であった。公然期になると、激しい批判、迫害が続き、妻の支えはいっそう重要となった。ムハンマドにすれば、天地の創造主からの朗報をもたらしているつもりなのに、クライシュ族の反応は敵意に満ちたものであった。どれほど自分が「アッラーの使徒」であることに確信があっても、それに対する悪意の反論は彼を傷つけ、落胆させたであろう。そうしたなかでハディージャは彼を励ましつづけた。

したがって、彼女の死は、単に愛妻が他界したということではない。宗教者としての生活に大きな精神的打撃であったととらえる必要がある。

それに続く伯父アブー・ターリブの死は、何よりも政治的打撃であった。彼にかわって一族の長となったアブー・ラハブは、ムハンマドに対する部族の保護を取り消した。ムハンマドに危害を加える者があっても報復しないということであり、これによってイスラーム迫害に対する抑止力が失われた。伯父のアブー・ターリブは一族が集団的ボイコットによって制裁を受けてもなおムハンマドの保護を続けたが、新しく長となったアブー・ラハブはむしろ反イスラーム派であった。

いまやムハンマドは自分自身の身の安全も定かではなく、保護者のいないムスリムたちには直接的な危険が襲いかかるようになった。

北方の新天地

マッカ期は約一三年に及ぶ。このあいだに、唯一神の存在、ムハンマドが神の使徒であること、多神教の否定、神の恩寵とそれへの感謝、といったイスラームの信仰箇条の骨格は整った。熱心で、自己犠牲を厭《いと》わない信徒も徐々に増えた。しかし、増えたといっても、ごくわずかである。当時のマッカの人口はおよそ一万人、そのうちのイスラーム改宗者は二〇〇人ほどにすぎなかったという。これを成功というべきであろうか。

この段階では、世界宗教としての使命はまだ明確ではないが、「宇宙の創造主であるアッラーの使徒」が一三年の苦労を重ねて、わずか二〇〇人。それも迫害の激化で、展望の暗い状況にある。ムハンマドとその弟子たちは、明らかに深刻な危機に直面していた。

新天地を求める必要があった。ムハンマドはターイフの町に布教を試みている。ターイフとマッカはかなり近く、「二つの町」と並び称されることもある。住民はサキーファ族である。ムハンマドがターイフへと赴いたのは、最愛の妻であり最大の支援者であったハディージャを亡くしたあとであった。ターイフ布教に楽観的になるべき根拠はなかったから、おそらく足取りも軽いものではなかったであろう。はたして、ターイフの人々はその布教を拒否し、子どもたちは彼に石を投げつけたのであった。

転機は、北方から来た。のちにマディーナと改称される町は、当時ヤスリブといった。マッカから北北西に、およそ三五〇キロ。そのころの旅路として、数日の行程である。じつのところ、ヤスリブの町は、ムハンマド個人にとって無縁の土地ではない。父アブドゥッラーは、ヤスリブの地で亡くなっている。ムハンマドが六歳のとき亡くなった母も、ヤスリブに住む親族を訪ねての帰り、近郊のアブワーという場所で病死した。ちなみに、後年ムハンマドは母親の墓所を訪れ、涙を流し、弟子たちももらい泣きしている。早くに亡くなった母への思いがあふれでたのであろうか。

しかし、このような事情は新しい転機とは関係がない。ヤスリブでイスラームの教えを受け入れる人々が増え始めたことが、新しい事態をもたらしたのである。ジャーヒリーヤ時代の多神教においても、カアバ聖殿を擁するマッカは重要な巡礼地であったが、その巡礼に訪れた際に、ムハンマドの教えにふれ、クルアーンを聞き、新しい宗教を受け入れた人々がいた。

およそ二年のあいだにその数が増え、彼らがムハンマドをヤスリブの町に受け入れてもよい、との意向を表明した。しかも、指導者として受け入れたい、というのである。ヤスリブの町は、部族抗争がはてしなく続いていた。ふつうであれば、しばらくあとに適切な和解と相互抑止が達成されるものであるが、それもできず悪循環に陥っていた。そのため、社会秩序が危機的な状況にあった。そのような時期に、イスラームが住民のあいだでかなり広まり、調停者としてムハンマドを招くことが、彼らの社会危機を克服する好機と考えられたのであった。

昇天の旅

時間的な展開からいうと多少前後するが、ここで「夜の旅」と「昇天の旅」についてふれておきたい。「夜の旅」とは、一夜のうちにムハンマドがマッカからエルサレムへと往復したことをさす。「昇天の旅」は、そのときエルサレムにおいて、かつてのソロモンの神殿跡から七層の天に昇り、諸預言者たちに出会い、ついにはアッラーの御許《みもと》に達する、という旅である。

時期的には、ヤスリブへの移住よりおよそ一年ほど前の出来事ではないかと思われる。この「旅」が肉体をともなう現実的な体験であったのか、魂の飛《ひ》翔《しょう》による旅であったのかについては、ムスリムの学者のあいだでも見解が分かれている。私たちは、これを宗教的なヴィジョン(幻視)と考えて差し支えないであろう。もとより、宗教体験においては、即物的な実体験であるか、精神的な体験であるかはそれほど大きな問題ではない。ヴィジョンは、その内容次第で、大きな思想的リアリティを提供する。

大事なことは、深刻な危機の時期に、ムハンマドがこの「旅」を体験したということであろう。この体験によって、啓示に基づく一神教としてのイスラームが、系譜的に位置づけられ、ムハンマドは世界宗教の確立者としての自らの役割を新たな次元で確認したと思われる。

ムハンマドとその弟子たちを取り巻く政治的・社会的環境は悪化している。北方のヤスリブに、新しい希望が芽生えているが、それが成功するか、あるいはそこまでたどり着けるか、まだわからない——というのが、当時の状況である。ここにおいて、「夜の旅」と「昇天の旅」というユニークな宗教体験を得たことが、彼らにとって大きな励ましとなったことは容易に想像できる。

ヴィジョンの出来事をみてみよう。ある夜、ムハンマドは天使ジブリールの訪問を受けた。彼はジブリールにともなわれて、旅に発つ。彼が乗ったブラークと呼ばれる一種の天馬は、一飛びで視界の限りまで進むという。ムハンマドはブラークに乗って、エルサレムに向かった。この部分はクルアーンの表現によれば、

讃えあれ、そのしもべ〔ムハンマド〕を夜のあいだに、聖なるモスクから、アッラーが周囲を祝福した遠方のモスクへと旅させた方〔アッラー〕に。それは、彼〔ムハンマド〕に神徴を見させるためであった。まことにアッラーは全聴者・全視者である。〔夜の旅章一〕

当時のエルサレムはビザンツ帝国の支配下にあり、イスラエルの民の神殿は破壊されたままである。神殿の廃墟がある丘から、ムハンマドは天に昇った。第一天から第七天まで、順に昇る。ちなみに、天が七層から成るということは、以前下された章句に述べられており、新しい話題ではない。

昇天の旅をするムハンマドが描かれた十六世紀のペルシア細密画
詩人ニザーミーの著書の挿絵。

じつは、昇天のこの部分については、クルアーンには具体的な記述がない。のちにこの体験を語ったムハンマドのハディースが残されているだけである。このことは、クルアーンという聖典の性格およびハディースの位置づけを考えるうえで興味深い事実である。が、ここではそれは脇において、先に進む。

第一天では、ムハンマドをアーダム(アダム)が迎える。アーダムは人類の祖であるが、イスラームの教えでは、最初の預言者でもある。アーダムはムハンマドに向かって、「ようこそ、心正しき息子にして、心正しき預言者よ」と言う。第二天では、ヤフヤー(洗礼者ヨハネ)とイーサー(イエス・キリスト)が迎える。ブハーリー『真正集』のハディースでは、二人はムハンマドの「母方の従兄弟《いとこ》」と表現されている。二人は、ムハンマドに対して、「ようこそ、心正しき兄弟にして、心正しき預言者よ」と挨拶する。この言葉は、天を昇るたびに、繰り返される。第三天には、ユースフ(旧約聖書のヨセフ)がいる。第四天にはイドリースがいる。彼は旧約聖書のエノクとも考えられるが、異説もある。第五天にはハールーン(旧約聖書のアロン、モーセの兄)、第六天にはムーサー(モーセ)がいる。そして、最後の第七天に昇ると、そこではイブラーヒーム

（アブラハム）が待っている。イブラーヒームは、アーダムと同じ挨拶をする、すなわち「ようこそ、心正しき息子にして、心正しき預言者よ」と言う。

人類の父アーダムが「息子よ」と呼ぶのは当然であるが、イブラーヒームの場合はどうであろうか。アラブ人の系譜学からいえば、ムハンマドを含めてカフターン系の諸部族はイブラーヒームの息子イスマーイールの系譜を引くから、その意味で「息子」と考えることもできる。しかし、ここでムハンマドを「息子」と呼ぶイブラーヒームは「諸預言者の父」としてのイブラーヒームであろう。

昇天の旅の物語が何を象徴しているかは、自明であろう。これは諸預言者の系譜の物語であり、ムハンマドがこれらの預言者たちの系譜を引き、彼らと同族であること、そして、彼らがアッラーから命じられたのと同じ使命をムハンマドがはたしている、ということを確認しているのである。

第七天の先には、天使がアッラーを讃える「館」（バイト・マウムール）がある。ムハンマドはさらに「スィドラの樹」にいたった。いったい、どのような樹であろうか。これについては、クルアーンにわずかながら言及がある。

まことに彼〔ムハンマド〕は、ふたたび彼〔ジブリール〕にまみえた。最果てのスィドラの許で。その傍《そば》には、安息所の楽園がある。覆うものがスィドラを覆うとき、視線は逸れることなく、見過ぎることもない。まことに彼〔ムハンマド〕は主のもっとも偉大な徴《しるし》を見たのである。〔星章一三〜一八〕
これが具体的にいったい何を意味しているのか、章句を読むだけでははっきりしない。のちの啓典解釈書には解説が書かれており、理解をおおいに助ける面もあるが、いずれも神学的な要素を含んでおり後世の思想として扱う必要がある。したがって、ムハンマド時代の史料を読み解く素材としては使えない。ここでは、何であるかはわからないが、アッラーの「もっとも偉大な徴」をムハンマドが見て、なんらかの宗教体験の高みに達したことだけを確認して、満足することにしよう。
ハディースによれば、この昇天の旅の機会に、日に五回の礼拝を命じられたという。歴史的にいえば、この体験のあと、ムハンマドは信徒たちに毎日五回の礼拝をするよう、伝達したということであろう。言いかえれば、このころまでイスラームの礼拝の形態はずっと簡素であった。

旅の物語には、マッカでの後日談がある。ムハンマドは自分が体験した神秘的ヴィジョンを、信徒たちに語った。ムハンマドはそれまで、啓示体験は別として超常体験・異常現象を語らない人であったから、一夜のうちにエルサレムを往復したという話題は、彼らのあいだに疑念と動揺を生んだようである。彼らは、ムハンマドの一番の盟友であり、長老であったアブー・バクルに、彼らの聞いた物語を聞かせて、どう思うか尋ねた。

アブー・バクルは、言下に、「もし、ムハンマドがそう言ったのであれば、彼は真実を言っている」と断定した。彼は信徒たちの動揺を苦々しく思ったかもしれない。ムハンマドを無条件に信じないのであれば、新しい教えは立ちゆかないであろう。これを契機に、彼は「スィッディーク」（深く信じる人）と呼ばれるようになった。このような盟友の堅い信頼は、ムハンマドにとっては大きな財産であった。

アカバの誓い

アカバは、マッカ郊外の地名である。ミナーの谷というよく知られた谷があるが、そこから遠くない。巡礼の季節(当時はまだ多神教のそれではあるが)に、ここでムハンマドは各地の巡礼者たちと会って、イスラームの布教をおこなった。ヒジュラ(マディーナへの移住、いわゆる聖遷)からさかのぼること三年前にアカバで出会い、ヤスリブの町から来ていた数名がイスラームに帰依した。

彼らはヤスリブに戻って、信徒を増やし、翌年のアカバの出会いでは、ムハンマドに従うことを誓っている。これを「第一回アカバの誓い」と呼ぶ。戦闘義務が含まれていないため、「女性の誓い」ともいう。女性が誓いをおこなったわけではないので、「女性をも拘束する(男女両方を拘束する)誓い」という意味である。マディーナ時代の戦役には、女性が従軍した例もあるが、自由意思によるものである。戦闘に参加することは男性だけの義務であった。

この誓いのあと、ムスアブ・イブン・ウマイルという弟子が、ヤスリブの新人たちにイスラームを教えるために派遣された。彼は、ヤスリブの信徒たちと協力して布教をおこない、大きな成功を収めた。ヤスリブのどの家でも家族のだれかがムスリムである、という状態になったという。

三度目のアカバの出会いにおいては、前回より多くの人々がムハンマドに会うために来訪した。ここで、「第二回アカバの誓い」がおこなわれた。これは、戦闘になれば命をかけてムハンマドを守るという内容を含んでいた。これは、戦闘を許可する啓示が下ったことによって可能となった。それ以前のムハンマドは、迫害に対して忍耐をもって耐えるよう命じられていたのである。

戦いをしかけられた者には(戦闘が)許された。彼らは不正な仕打ちを受けたからである。まことにアッラーこそ、彼らを助けることができる。彼らは、「私たちの主はアッラーです」と言っただけで、不当にも自分たちの家から追い出された。〔巡礼章三九～四〇〕

ヤスリブの信徒たちがわずか二年のあいだに、抵抗なく「戦闘の誓い」をするところまで進んだことに、少し驚かざるをえない。マッカでの布教が難渋したのに対して、ヤスリブの人々が比較的抵抗なくムハンマドの使信を受け入れたのはなぜであろうか。いくつかの要素がすぐにあげられる。一つは、宗教的状況である。まず、ヤスリブにはユダヤ教徒が相当数おり、一神教的な考え方に慣れていたと考えられる。ユダヤ教徒たちが「アラブ人の預言者」について予見していたともいわれる。また、従来の多神教にしても、マッカのように重要な聖殿を擁しているわけでも巡礼の中心地でもなかった。こだわりは、はるかに弱かったであろう。

もう一つは、社会的・政治的な文脈である。マッカでは、ムハンマドの権威を受け入れることは、彼とハーシム家の覇権《はけん》を認めることであった。部族的な競争の原理からも、個々人の血統的矜持《きょうじ》からも、これは簡単に受け入れられるものではない。このため、年老いた長老たちよりも、次世代を担う若い指導者層がムハンマドに強く反対した。覇権だけではなく、さらに社会と政治をめぐっては、富強者の支配を認めるのか人間の平等を主張するのかというイデオロギー的な対立がある。イスラームはマッカの旧体制に挑戦する反体制運動という側面をもっていた。これらの要素は、ヤスリブの人々にとって、ほとんど重要性をもたない。

しかし、ここで検討された要素はいずれも間接的要因であり、なぜ彼らがイスラームを受け入れたかという設問に直接答えるものではない。信仰にいたる個々人の内面を推し量ることはできない以上、結果として、彼らがムハンマドを信じた、というにとどめるべきであろうか。

一つ大きな要素として考えられるのは、クルアーン形成の進展ということである。ずっと述べてきたように、ムハンマドの教えは、アッラーの啓示としてクルアーンを認めよ、という点につきる。彼が預言者であるということも、そのことの一つの側面である。その布教においては、クルアーンこそが最大の武器であった。そのクルアーンの啓示は、前章でもみたように、マッカの生活のなかでクライシュ族との交流・対立・議論を含めて、展開されていた。しかし、アカバの出会いのころまでには、クルアーンの宗教的な教えはほぼ骨格が完成していた。マディーナ時代にも啓示は続くが、内容的には社会的規範に関わる章句が多くなる。唯一神、多神教の虚妄性、終末、来世、楽園と火獄、天使、諸預言者、啓示と啓典といった基本的な教義はすでに非常にはっきりした形をとっていた。

マッカの人々がしだいに断片が結集していくクルアーンをみていたのに対して、ヤスリブの人々は「啓典」としてかなり熟成したクルアーンと出会った。当時のクルアーンは書物ではなく、ムハンマドと信徒の記憶のなかに保存されたクルアーンであるが、それをもってヤスリブに赴いたムスアブは、さまざまな質問にクルアーンを十分に参照しながら答ええたことであろう。布教の成功には、この点も大きく貢献しているのではないだろうか。

ところで、ムハンマドをヤスリブ全体の調停者として受け入れる、という決断のほうはどうであろうか。部族抗争の傷跡があまりに深く、未精算の血讐《けっしゅう》の係争が多すぎたため、ヤスリブ内部では社会秩序が回復できず、ムハンマドというまったく新しい要素にその解決を託した、というのが従来の通説である。これは、政治的・社会的状況の理解としては、きわめて妥当であろう。とくに、ヤスリブにはイスラームを信奉しない者も多数いたわけであるから、彼らがムハンマドを受け入れたのは、疑いもなく、このような合理的な判断に基づくものだったであろう。

しかし、イスラームを受け入れた信徒たちは、どうだったであろうか。社会秩序をめぐる打算が彼らを動かしたと考えるのは、宗教運動に関する議論としては思想を軽んじすぎているであろう。おそらく、彼らは、宗教的栄光という観点から、比類なき機会を見出していたのではないか。

彼らが信じた新しい宗教は、絶対神が全人類に向けた使信という、巨大なテーマを抱えている。しかも、その唱道者であるムハンマドは生まれ故郷で受け入れられず、新しい拠点を探しているのである。それなりに多数の信徒がいて、彼を受け入れる町があれば、彼は弟子たちを率いて、どこへでも移住するであろう。その候補として、自分たちの町ヤスリブが名乗りをあげる。新しい宗教に参加するだけではなく、預言者を自分たちの町に招き、新しい中心地となる——この構想に胸を躍らせた者がいても、なんら不思議ではないであろう。

ムハンマドを受け入れることは、メリットだけがあったわけでもない。ただちにマッカとの対立が生じることが予想される以上、大きなリスクもあった。

移住

ヤスリブの人々がアカバの地でムハンマドと誓いを交わしたことは、まもなくクライシュ族の知るところとなった。彼らも危機感を募らせた。

これまでクライシュ族の「迫害」にいくどか言及したが、彼らも暴力だけを用いたわけではない。一度は、ムハンマドの「買収」を試みている。「望むならば、王にしてもよい」と交換条件を示して、宗教的妥協を要求したこともあった。しかし、ヒジュラ直前の時期には、彼らは最終的解決策としてムハンマドの暗殺をも計画するようになっていた。

ムハンマドは移住を決意したが、クライシュ族による妨害を恐れ、弟子たちを三三五五先行させた。だれもが密かにマッカを離れたが、ウマルは例外であった。彼は、カアバ聖殿に行ってクライシュ族の者が居並ぶなかで、堂々と「命の惜しくない者は私に挑戦せよ」と宣言して、マッカをあとにした。

ウマルはもともと剛の者としてマッカで名を馳《は》せていた。イスラームに帰依する以前は、イスラームの弾圧者としてムスリムたちに恐れられていた人物である。自分の妹とその夫が先にムハンマドに従ったことに怒って諍《いさか》いをした、というような多少の経緯があってから彼もイスラームに加わったのであるが、その直情と武勇から、ただちに自分の信仰を公にしている。彼の参加はマッカ時代のなかごろであるが、剛勇のウマルが加わったことによって、ムスリムたちがカアバ聖殿で礼拝をすることが可能になったとされる。

ウマル以外の者たちは、マッカ住民の注意を引かないように気をつけて、故郷をあとにした。ムハンマド自身は最後まで残っていたが、弟子たちが無事先

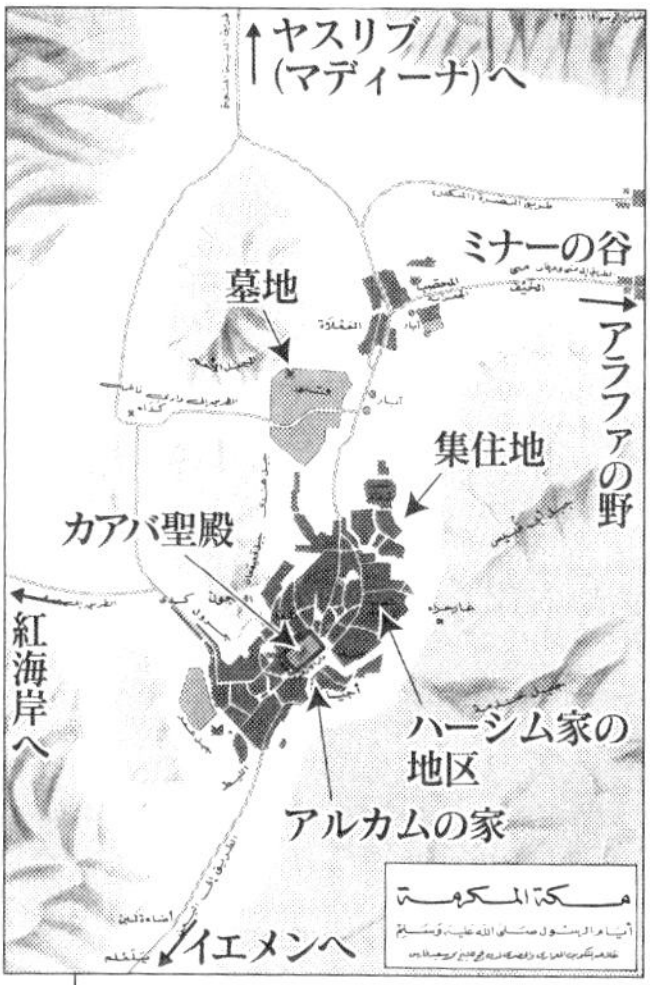

ムハンマド時代のマッカ

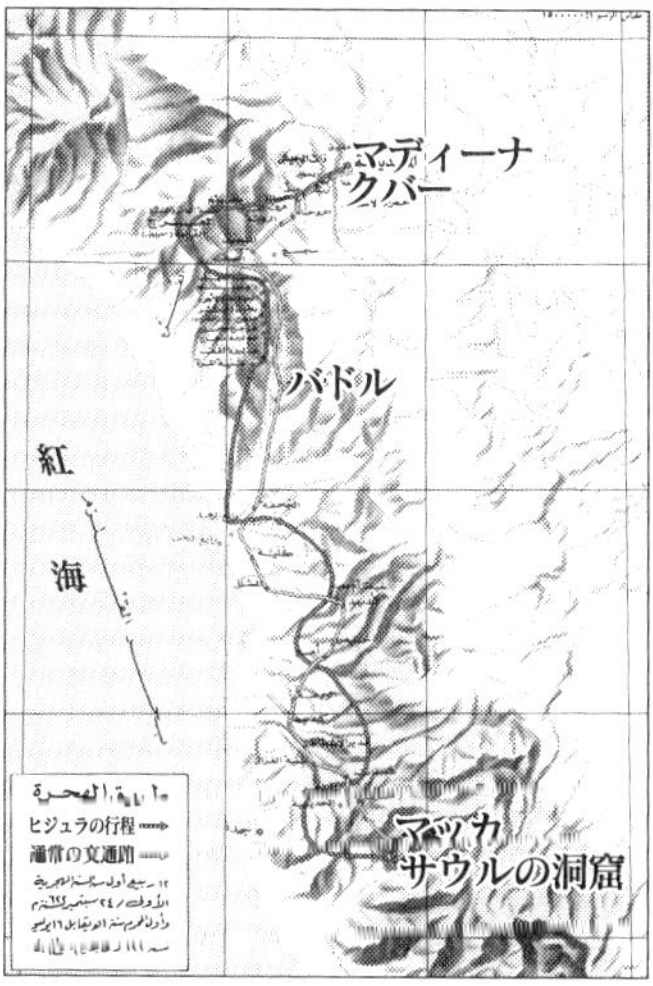

ヒジュラの行程

ともに、
フサイン・ムーニス
『イスラーム歴史地図』
カイロ、1087年より。

行したことを確認して、盟友アブー・バクルをともなってマッカを脱出した。すでにクライシュ族はイスラームを殲滅《せんめつ》するために、彼を暗殺する計画を立てていたが、暗殺の企ては彼の密かな出発によって失敗に終わった。続いて、脱出の報を聞いて、追討隊も派遣された。

ムハンマドとアブー・バクルはマッカ郊外のサウルの洞窟に隠れて、難を逃れた。『預言者伝』によると、そのとき、追討隊はその洞窟にも立ち寄ったが、いくえにも蜘蛛《くも》の巣が張っていたため、人が入った形跡がないとして内部までは探索しなかった、という。これはムスリムが好む逸話であり、今日でも、このときの蜘蛛の貢献に感謝して、蜘蛛を決して殺さないという信徒が少なくない。

マッカからヤスリブまでの逃避行は、通常の交通路を避け、注意深くおこなわれた。逃避行の様子は、次の章句に言及されている。

たとえ汝《なんじ》らが彼〔ムハンマド〕を助けなくとも、アッラーが彼を助ける。不信仰の者たちが彼を追い出し、もう一人〔アブー・バクル〕とともに二人が洞窟にいたときを思い起こせ。彼はその輩《ともがら》に「悲しむなかれ。アッラーは私たちとともにある」と言った。そして、アッラーは彼にサキーナ(安らぎ、平穏)を下し、彼を汝らには見えない軍勢で強化し、不信仰の者たちの言葉を最低のものとし、アッラーの言葉を至高のものとした。アッラーは比類なき強力者・叡智者《えいちしゃ》である。〔悔悟章四〇〕
サウルの洞窟には三日間ひそんだが、アブー・バクルは追討隊に見つかるのではないかと、よほど心配したようにみえる。
ところで、アブー・バクルはこの章句で「もう一人」「その輩」と言及されている。これは異例なことである。まず、クルアーンは全体に、驚くほど固有名詞の記述がない。人名にしても地名にしても、ほとんど記載がない。マッカという地名ですらたった一回、古名のバッカでもう一回だけ、というほどに少ない。聖典ということで聖書と比較するならば、このことはクルアーンのきわだった特徴となっている(それが、史料としてクルアーンを用いることが困難である理由の一つであることは、第一章でふれた)。じつにムハンマドの弟子たちの人名は、だれ一人として、ただの一度も出てこない。代名詞で言及されることすら、稀である。そのことを踏まえて読むと、ここでのアブー・バクルの扱いが破格であることがわかる。

ヤスリブへの到着

ムハンマドと彼の盟友が到着したとき、待ちかまえていたムスリムたちは非常に喜んだ。六二二年九月のことであった。ムハンマドはまずクバーの地に停留し、ここに最初のモスクを建てた。イスラーム世界といえばモスクの情景が思い浮かぶが、マッカ時代にモスクは存在しなかった。ムスリムたちはカアバ聖殿か、布教に使われたアルカム家か、自宅で礼拝をしていたのである。

続いて、ムハンマドは自分の居を定めなければならなかった。多くの者が、是非自分たちの地に、と望んだが、彼は自分の駱駝《らくだ》に決めさせる、つまり駱駝を自由に進ませて止まったところを自分の土地として選ぶという手法をとった。だれの申し出を受け入れても他の者の不満を呼ぶ以上、賢明な方法であった。

駱駝が止まったところは二人の孤児の所有地であった。無償で提供するという申し出を断って、彼は正当な代価を払って、土地を手に入れた。孤児の権利

マディーナの預言者モスク＊
ムハンマドの廟の上の緑のドームがその象徴となっている。

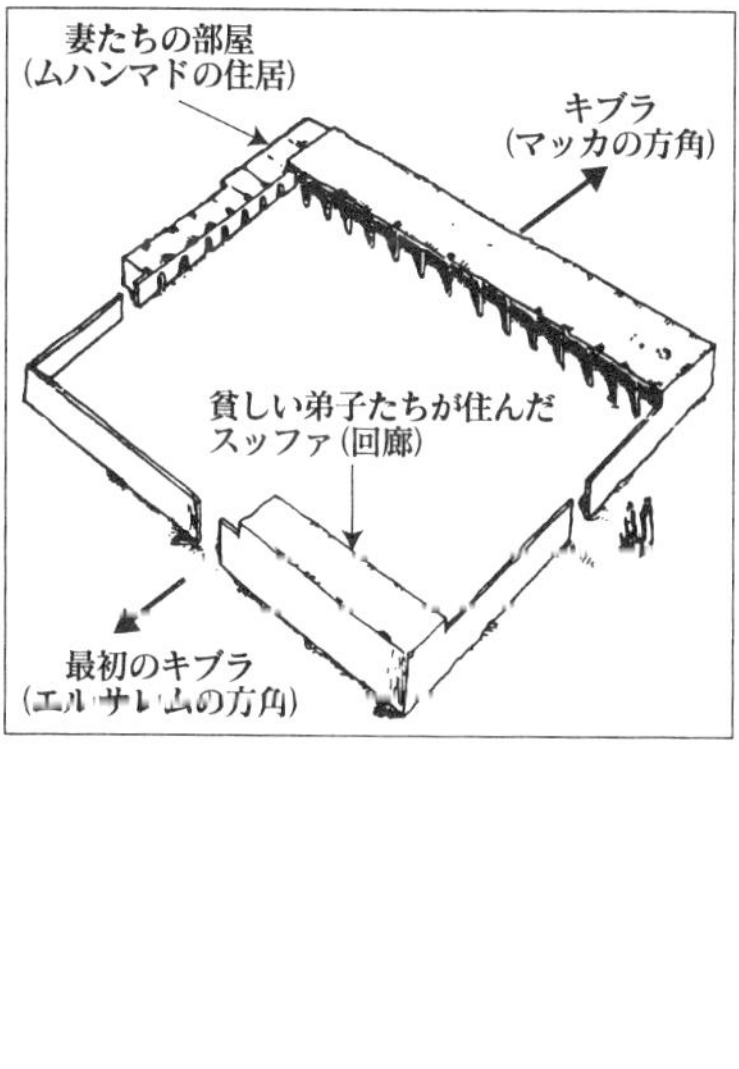

ムハンマド時代の預言者モスク想像図。

を損ないかねない先例はつくらない、という政策的観点がそこにみられる。

この土地に、彼はモスクと自分の家を建てた。モスクの建設には、ムスリムたちが集まって働き、ムハンマド自身も煉瓦《れんが》を積んだという。モスクはほぼ正方形で、一部に屋根がつけられた。ナツメヤシの樹の幹を柱とし、ナツメヤシの葉で屋根を葺《ふ》いた。今日にいたる「預言者モスク」の祖型ができた。

モスクはアラビア語の「マスジド」が訛《なま》った表現である。マスジドとは「サジュダ」(平伏礼)をする場所を意味する。イスラームの礼拝は、細かく定められた一連の動作、クルアーンの朗誦《ろうしょう》、定型の祈禱句《きとうく》から成っているが、額を床につけてアッラーへの帰依を表すサジュダがその粋とされる。言いかえれば、サジュダによって礼拝の全体を象徴している。したがって、サジュダをする場所としてのマスジドは、礼拝堂、礼拝所と訳することができる。

預言者モスクは、イスラームにおけるモスクの原型となった。ムハンマドは、モスクで礼拝を先導し、クルアーンの教えを説き、政務を執り、共同体の諸事を弟子たちと相談することになる。

これ以降のムハンマドは、新しい共同体の指導者として忙しい生活を送ることになった。移住をアラビア語で「ヒジュラ」という。日本では、中国訳を転用して、長らく「聖遷」と訳されてきた。ヒジュラによって、ムハンマドの運命もイスラームの展開も、大きな転換点を超えた。ヤスリブはやがて「アッラーの使徒の町」あるいは「預言者の町」と呼ばれるようになり、略して「マディーナ」（町）とだけ呼ばれるようになった。マディーナでは、ムハンマドの私的な生活も激変した。あらゆる面での指導者としての暮らしが、彼を待っていたのである。

4　戦いと裁定

指導者ムハンマド

ムハンマドはマディーナで人生の最後の一〇年間を過ごした。これは多彩な才能が一気に開花した時期であった。

これまでは、マッカに暮らしていた彼が、小さな名家に生まれ、長じてからはよき家庭人、誠実な社会人であったこと、さらに四十歳になってから「預言の器」となった姿をみてきた。預言者と名乗ったムハンマドは宗教指導者として活動をおこなった。クルアーンの啓示という観点からいえば、クルアーンのほぼ六割が下されたマッカ時代の一三年間は大きな意味をもっている。イスラームの基礎は、この時期に築かれた。しかし、宗教指導者としての成否を問うならば、マッカ時代はそれほどの成功とは思われない。

たしかに、数は少ないとはいえ、彼を全面的に信ずる中核的な信徒群を丁寧《ていねい》に育てた。困難な時期にあって、忍耐と寛容によって、マイノリティの共同体を率いた。このことは重要な成果である。しかし、世界宗教の創設というテーマ——天地の創造主の使徒であることは、自動的にこのテーマをもたらす——から考えると、大きな成果とはいいがたい。この大事業にとっては遅すぎる出発から一三年が過ぎ、北方のヤスリブの町にようやく新しい拠点が確保できたところである。

ところが、この町で大きな変化が生じる。ムハンマドのなかにあった多様な能力が突如として、統治、軍事、立法、司法、行政、調停、外交などの諸分野で、次々と開花していくことになった。私たちは歴史を振り返ってみているから、そのような能力が潜在的に彼のなかにあったのだと考える。しかし、同時進行形でみていたとすれば、彼が新状況の要求する課題と責務をこなせると楽観的に考えうる根拠があったはずはない。おそらく、それを同時代的に体験した信徒たちは、そこに神の恩寵《おんちょう》、導きといったものを実感したことであろう。

新しい社会像

マディーナにおいて、ムハンマドはイスラームの理念に立脚した社会建設をおこなった。このことの意義はいくら強調してもしすぎということはない。マッカでは、イスラームの理念は示されたが、旧来の宗教と社会慣行が支配するなかで、その理念は既存の社会への「批判」として提示されるだけであった。しかし、マディーナでは、新しい理念に基づく社会造りが可能となった。

マッカでは、部族主義の徹底した批判をおこないながらも、それがハーシム家の部族的保護によって可能になるというジレンマも抱えていた。マディーナではこの矛盾が解消された。マディーナでは、素直に部族主義を排した、新しい共同体が形成された。それはイスラームという信仰、世界観を共有する者が「同胞」として、部族のみならず、人種や民族をも超えて、同じ共同体に属するという理念であった。もちろん、マッカからの移住者もマディーナで彼らを迎えた人々——援助者と呼ばれる——もアラブ人であるが、エチオピア出身のビラール、ペルシア人サルマーンなどの存在は、人種や民族を超える側面を象徴していた。

この時期を物語る文書として、俗に「マディーナ憲章」と呼ばれているものがある。憲章のなかでは、「これは預言者ムハンマドからの、クライシュ族出身者とヤスリブ在住の信徒およびムスリムたち、ならびに彼らに従って、彼らと提携しともに戦う者たちの関係を律する文書である」といわれているだけで、特別な名称は示されていない。新しい社会のあり方を明示した文書として、歴史研究でも重視されている。欧米には、時代を物語る史料としてクルアーンに次ぐ価値がある、とする研究者がいるほどである。

新しい共同体は「ウンマ」という語によって示される――「彼らは、他の人々とは異なるウンマ(共同体)をなす」「信徒たちは、彼らのあいだの困窮者を放置せず、身代金あるいは血の代償に関して、その者に善行を施すものとする」。

血縁と系譜を基本とする部族的な結合にかわる社会原理を、それまでのアラビア半島人はまったく知らなかった。ムハンマドが示した原理は、社会的存在としての人間のあり方を根底から変えるものであった。

それまでのアラビア半島では統一国家はなく、部族が最上位の単位であり、自分の部族から保護を得られない者には、安全保障はなかった。帰属する部族がなければ、どこかの部族のハリーフ（同盟者）となる必要があった。それもない者は安心のない暮らしを強いられた。しかし、新しいウンマでは、「神の保護は一つであり、もっとも地位の低い者が与える保護も彼ら全員を（保護の連帯責任において）拘束する。信徒たちは、他の人々とは別に、たがいのあいだで保護し協力し合う」と宣言された。このような原則のもとでは、族長の恣意《しい》で保護が取り消されるようなことはありえない。

　信徒たちは「同胞」であると宣言されたが、具体的には、二種類の信徒があった。マッカから移住してきた者たちはムハージルーン（移住者）と呼ばれた。マディーナ在住の者たちは、移住者を援助するアンサール（援助者）と呼ばれた。アンサールの実態は、ハズラジュ系諸部族とアウス系諸部族である。両派のあいだで長年抗争しつづけたため、自分たちではその解決ができなくなり、ムハンマドを調停者として招くことになった。ムハンマドはこれらの人々を新しい同胞原理でとりまとめる努力をおこなった。

　同胞愛の制度化として、「ムアーハー」ということもおこなわれた。具体的な対の「義兄弟」をつくる制度である。マッカから家財を捨てて移住してきた人々は、生活の糧《かて》もなかったから、彼らの一人一人にマディーナの援助者のなかから、いわばホストをつけて面倒をみるようにしたのである。
この制度は部分的には意味をもったが、やがて廃止された。ムスリムが全体として同胞であるという原理を、特定の義兄弟をつくって運用することは決して容易ではない。さらに、いつまでも居候《いそうろう》しているわけにもいかないため、移住者たちは、マッカの隊商を攻撃するようになった。これは、生活の道を確保することと、マッカとの対決における戦略的意義と一石二鳥の政策であった。ただ、この義兄弟制度が、移住してきた同胞を迎える意義をマディーナで徹底させた効果は見逃せない。クルアーンにも、同胞精神は言及されている。
信徒たちは同胞である。それゆえ、同胞のあいだを融和せよ。〔部屋章一〇〕
ウンマについてはマッカ時代にすでに「まことにこれは汝《なんじ》らのウンマ、単一のウンマである。われは汝らの主であり、われを畏《おそ》れよ」〔信徒たち章五二〕といわれていたが、マディーナ時代にはウンマの実体化にともなって、その使命が示された。
汝らは人類に遣わされた最良のウンマである。善を命じ、悪を禁じ、アッラーを信じる。［イムラーン家章一一〇］
といわれている。彼らはムハンマドに従う人々である。そして、新生ウンマを守る義務を負う人々である。そうであれば、同胞として助け合うだけでなく、戦闘において生死をともにして出撃する必要がある。「戦闘の誓い」はすでにヒジュラ以前になされていたが、実際にそれを実践する機会がやってくる。戦役の幕開きであった。

指揮官

マディーナ時代は戦役に満ちている。マディーナ以前のムハンマドは忍耐の人、寛容の人ではあったが、軍事的な能力はおろか、剛毅《ごうき》、武勇の面ですら、その兆候はなかった。アカバの誓いで、ムハンマドは命をかけて自分を守るよう要求したが、実際にマディーナで戦いに及ぶと、彼自身が軍事の先頭に立ち、勇敢な役割を率先して担った。軍事的な指揮官としての能力を、突然発揮し始めたのである。

イスラーム史料では、ムハンマドが指揮をとった戦役をガズワ、だれかを派遣した戦役をサリーヤと呼ぶ。自らが出陣するほど重要な局面か他人に任せるか、その判断を下すのも、軍事的な力量を必要とする。近しい弟子たちが補佐していたにしても、並々ならぬ力量であろう。史料によって多少異同があるが、軍事指揮官としてのムハンマドを論じた研究書の一つは、彼自身が指揮をとったガズワの数を二八としている。マディーナ時代一〇年でこの数を割れば、年平均三つ弱の戦役を指揮していたことになる。マディーナで新しい社会、新しい政府をつくる多忙期であることを考えると、これは少ない数ではない。もっとも、戦役による勝利は新しいウンマの安定、ムハンマドの主導権の高まり、政治権力の強化をうながすものであった。

バドルの戦い、塹壕《ざんごう》の戦いは、天才的な戦いであったと思われる。これらは、のちのイスラームの発展がなければローカルな戦闘にすぎなかったが、やがて世界の戦史上で大きな意義をもつにいたる。

ここでは共同体のあり方に大きな影響を与えた三つの戦いにだけふれたい。

第一は、マッカ勢と最初に戦い、これを撃破したバドルの戦い、第二は、その復讐戦《ふくしゅうせん》としておこなわれ、ムスリム軍が苦戦したウフドの戦い、第三は、「天下分け目」の戦いとなった塹壕の戦いである。

バドルの戦いは六二四年三月におこなわれた。イスラーム暦はのちに第二代正統カリフ・ウマルによってヒジュラを元年とすることが定められたが、そのヒジュラ暦でいえば第二年目にあたる。ムハンマドたちの移住からおよそ一年半が過ぎた時分である。ムハンマドたちは、北方からマッカに戻る隊商を襲う計画を立てた。これは収入源のない移住者たちの生活救済とマッカの主産業を脅かすという二面性をもつ戦略であった。結果として隊商はマディーナ軍と遭遇せずに無事にマッカに戻ったが、隊商援護のために出陣したマッカ軍はマディーナへ進撃を始め、両軍は紅海沿岸のバドルの地で衝突することになった。

ムハンマドが率いたマディーナ軍は、ムハージルーンが八〇余名、アンサールが約二四〇名、総勢三〇〇名をやや超えている。ムハンマドがある場所まで来て布陣しようとすると、マディーナの弟子の一人が、これは啓示に基づくのか、ムハンマドの考えかと尋ねた。後者であると答えると、もっとよい場所があると献策したという。バドルの水飲み場を戦場に選んだのはその結果であった。ムハンマドがこのとき採用した歩兵弓兵が横列に並ぶ戦法は、アラブ戦史ではじめてのことだったようである。

マッカ軍は約九五〇名とマディーナ軍の三倍の兵力を擁していたが、ムハンマドたちはそれを決定的に打ち破り、大量の戦利品を手に入れた。マッカ軍は指揮官以下七〇名ほどの戦死者、同数の捕虜を出したのに対して、マディーナ軍の死者はわずか十数名であった。戦利品のほか、捕虜に関しては身代金をマッカ側から得た。

余談になるが、このときの捕虜の一人に、ムハンマドの娘婿《むすめむこ》アブー・アル＝アースがいた。彼はハディージャの甥《おい》で、長女ザイナブと結婚していた。彼は後年ムスリムになるが、当時はマッカの伝統的宗教を捨てられず、ザイナブも夫の許《もと》でマッカに住んでいた。ザイナブは夫の身代金を送ったが、ムハンマドたちは身代金なしにアブー・アル＝アースを釈放した。ただ、かわりに彼はザイナブと別れて、彼女をマディーナに送り届けることになった。これは夫婦の別離という悲しい側面をもっていたが、アブー・アル＝アースはのちにこれによってふたたび救われることになる。

彼はシリアへの隊商の帰りをムスリム軍に襲われ、命からがら逃れてマディーナに逃げ込むことになったからである。かつての妻ザイナブは保護を宣言して、彼を守った。これは、マディーナ憲章にもある、ムスリムの与えた保護は全員を拘束するという原則に従うもので、非力なザイナブの保護とはいえだれも手を出せなかった。このときも、ムスリム側は彼から奪った金品をすべて無償で返還している。アブー・アル＝アースはそれを持ってマッカに帰り、隊商の出資者たちとの精算を終えるとイスラームへの帰依を宣言した、とされる。その後、彼はマディーナに移住して、ムハージルーンの一人となった。

バドルの戦いはマッカ勢にとって不面目だっただけではなく、政治的に深刻な含意をもった。バドルの戦いの前は、できたばかりのマディーナの共同体はまだ十分固まっておらず、そこにおけるムハンマドの指導力も不安定であったから、この初戦でマディーナ勢を潰走《かいそう》させることができれば、みすみす移住を許してしまったマイナスも回復でき、イスラームの成長を決定的に抑えることができたはずだからである。しかし、結果はその逆であった。マッカ勢はこれを一気に覆す必要を感じた。

翌年のウフドの戦いには、マッカ勢は遊牧部族をも糾合《きゅうごう》し、三〇〇〇の兵力をもってマディーナを攻撃した。迎え撃つマディーナ側はおよそ七〇〇名を動員できた。バドルのときに比べて、ムスリムが増加し、また戦闘に従事する気概のある者も増加したことを意味する。

緒戦はムスリム側が優勢であった。マディーナ北辺のウフド山麓で戦いがおこなわれたが、山の上からムスリムの弓隊が射かけることで、優勢な戦いが展開された。しかし、勝ったと勘違いをした彼らが戦利品めあてに持ち場を捨てたため、形勢が逆転する。戦いそのものは純軍事的には引き分けであろう。三〇〇〇の兵力に対して互角に戦い、マディーナの防衛には成功した。しかし、ムハンマドの命令を聞かずに戦局を危険におとしいれたという点は、イスラーム共同体にとっては重大な問題であった。クルアーンは厳しくいう。

アッラーは、かれの許しのもとに汝らが敵を撃破したとき、その約束を成就なされたが、汝らに汝らが好むもの〔戦利品〕を見せると、汝らは（武勇を）失い、命令に逆らって、背いた。〔イムラーン家章一五二〕

さらに問題なのは、ムスリム軍が戦闘中に、ムハンマドが戦死したとの流説に激しく動揺したことであった。クルアーンは、それをも指弾している。
ムハンマドはただ使徒にすぎない。彼の前にも、多くの使徒が過ぎ去った。彼が死ぬか殺されたら、汝らは踵《きびす》を返すのか。だれが踵を返そうとも、アッラーをいささかも害することはできない。［イムラーン家章一四四］
ウフドの戦いはマディーナの共同体にとって、大きな教訓を残したのであった。ムハンマドはこの苦戦をへて、指導権を徹底させ、共同体の絆《きずな》を強めることに成功した。
三番目の「天下分け目」の戦いは、六二七年に起こった。この戦いはクルアーンのなかでは「部族連合」による攻撃として言及されている。クライシュ族は自分たちに総動員をかけるだけではなく、半島内で可能なかぎり広範な諸部族を糾合《きゅうごう》した。この部族連合によって、彼らは七五〇〇名の軍勢を動員することができた。彼らにとっての総力戦であり、これによって一気に決着をつける勢いを示した。迎え撃つマディーナ側も総動員で臨んだが、兵力は三〇〇〇であった。

この戦いが「塹壕の戦い」と呼ばれるのは、ペルシア人サルマーンの献策によって、ムハンマドたちがマディーナの周囲に塹壕を構築して、敵を迎え撃ったからである。これも、戦略的にきわめて効果的であった。塹壕のために、マッカ勢はマディーナに侵攻できず、戦利品もないままに続く戦いには部族連合ももちこたえられず、包囲軍は二週間ほどでばらばらと撤退せざるをえなかった。この戦いも、ムスリム軍の軍事能力の高さ、結束力の強さなどを証明するものとなった。

ユダヤ教徒とキブラの変更

ところで、マディーナにはユダヤ教徒も住んでいた。彼らは広大な土地ももっており経済的にも大きな力をもっていた。人数としても、最初はアラブ人と同じほどもいたようである。彼らが、北方のパレスチナなどから移住してきたイスラエルの民の子孫なのか、ユダヤ教徒に改宗したアラブ人なのかは、両説あって確定されていない。

ちなみにキリスト教徒はイエメンなど半島各地に広がっていたが、マディーナにはほとんどいなかった。マッカでもごくわずかだけいて、ハディージャの従兄弟《いとこ》のワラカがそうであったことは、第二章で紹介した。移住の前に、ターイフの布教に出かけて失敗しているが、そのときの唯一の成果はキリスト教徒の双子が入信したことだったという。なお、イエメンやナジュラーンでは、のちにムハンマドが派遣した弟子たちの手によってイスラームの普及が進むが、それはもう少しあとの話である。

マディーナに移住したムハンマドは、諸預言者の系譜に属する自分をユダヤ教徒たちが受け入れることを期待していたようである。もともと彼らユダヤ教徒はマディーナのアラブ人に、やがてアラブの預言者が現れるであろうと語ってもいたらしい。しかし、彼らはムハンマドを政治的にも指導者と認めなかったし、ましてや啓典の民(ユダヤ教徒、キリスト教徒)はこぞって新しい使徒に従うべきであるとの教えを、受け入れることはなかった。

ただし、個々人としてはムハンマドを受け入れた者がいたようである。ムハンマドの直弟子になったユダヤ教徒としては、イブン・サッラームがよく知られている。また、ムスリムたちと共存して、最後までマディーナに住んでいたユダヤ教徒もいた。しかし、大きな勢力を有していた三部族は、彼に対抗した。宗教的に彼を認めないだけではなく、マッカ勢の攻勢と呼応する動きもみせたから、対立は深刻なものとなった。三部族は順次、ムスリム軍との戦いに敗れ、マディーナから姿を消すことになった。バドルの戦いのあとにカイヌカー族、ウフドの戦いのあとにナディール族、塹壕の戦いのあとにクライザ族という順であった。

ユダヤ教徒がなぜそこまでムハンマドと対立するようになったのかは、今となっては判然としない。個人としてイスラームに加わったユダヤ教徒もいるのであるから、単に宗教的な理由だけとはいえないであろう。イスラームを受け入れた者については、クルアーンに「啓典の民のなかには、正しい集団があり、夜のあいだにアッラーの徴《しるし》〔クルアーン〕を読誦《どくしょう》し、サジュダ(平伏礼)をする」〔イムラーン家章一一二〕と言及されている。

そうであれば、やはり政治的な理由であろうか。ムハンマドを招いたのは、ハズラジュ族、アウス族というアラブ人諸部族であって、自分たちはそれに不満であるという理由が大きかったであろうか。アラブ人がムハンマドを調停者として団結したために、マディーナ内の勢力バランスが覆るのが苦々しかったのであろうか。戦争でクライシュ族側が勝つであろうとの予測もあったかもしれない。すでにみたように、それぞれの戦いにマッカ勢がおこなった準備、動員した兵力をみれば、彼らが勝つとの予想もできた。塹壕の戦いのときも、マッカ勢が塹壕を越えて進軍すれば、クライザ族が背後から襲う約定ができていたようである。

宗教的にみると、大きな出来事がマディーナ時代の早くに生じている。それはキブラ(礼拝の方角)の変更である。日に五回の礼拝が、昇天のヴィジョンを契機に定められたことは、前にふれた。時期については多少異説があるが、いずれにしてもマッカ時代の最後のあたりである。したがって、ヒジュラ直後にはモスクで五回の礼拝をすることが確立していたとみることができる。

そのキブラは最初、エルサレムであった。マディーナから見ると、それは北北西にあたる。しかし、バドルの戦いの少し前に、キブラをマッカに変更する啓示があった。マッカはほぼ真南にあたるから、正反対の方角である。

研究者の多くは、ムハンマドを預言者と認めないユダヤ教徒に見切りをつけ

預言者モスクのミフラーブ＊
マッカの方向を示す。
およそ1400年前、ムハンマドは
ここに立って礼拝を先導した。

る事件だったとみなしている。もともと、ムスリムたちはみなカアバ聖殿に向かって祈りたいと思っていたようである。とくに移住者たちは、マッカではムハンマドとともにカアバ聖殿で祈っていたわけであるから、それも無理はない。ムハンマドにとっては、昇天の旅からエルサレム方向への祈りまでは、諸預言者の後継者としての位置を確認する重要な宗教体験であった。しかし、一年半のエルサレムへの礼拝によって、その機能は十分はたされたと考えられる。エルサレムへの礼拝がユダヤ教徒の融和策としても機能していたとすれば、その時点までその役割は終わったのであろう。

ユダヤ教徒の側からみると、エルサレムに向かって礼拝していた時代から批判があったのであれば、キブラの変更後はさらに批判が強まってもおかしくはない。カアバ聖殿に彼らが共感を覚えなかったとしても、まったく不思議ではない。複合的な要因が重なって、両者は袂《たもと》を分かつことになった。

ユダヤ教徒と似た立場、つまりマディーナ内部にいながら敵と呼応している勢力という意味で、「偽善者」として言及される者もいた。これはとくに、イスラームを受け入れながら、口先だけで約束をして戦闘に従事しない者をさす言葉である。ムハンマドが移住する時点で、だれもが彼に信服していたわけではなかったから、態度を保留する者がいたのは当然の状況であった。しかし、新しい共同体の建設と防衛には、強い結束、連帯心、忠誠心などが必要とされたから、共同体を危険におとしいれかねない曖昧《あいまい》な態度は宗教的・倫理的なトーンで批判された。

総じていえば、移住者が長年の迫害に耐えてきた者ばかりであったのに対して、マディーナには種々の人々がおり、だれもがムハンマドを歓迎したわけではなかった。したがって、それらの人々をまとめていくために、ムハンマドも苦労を重ねなくてはならなかった。しかし、何年にもわたる彼の努力が報われ、マディーナ時代の終わりころには、共同体の絆《きずな》は非常に堅固なものとなっていた。

天啓法の基礎

権威がしだいに確立するなかで、預言者としてのムハンマドの役割は、新しい社会の法をつくりだすことにあった。啓示に基づく法という意味で、人間が制定する「人定法」に対して、これを「天啓法」と呼ぶことができる。
クルアーンは、アッラーとムハンマドに従うことが基本であると述べている。
アッラーと使徒に服従せよ。おそらく汝らは慈悲を授けられるであろう。
〔イムラーン家章一三二〕
信仰する者たちよ、アッラーと使徒と汝らのなかの権威をもつ者に服従せよ。もし汝らが何かについて争う場合は、アッラーと終末の日を信じているならば、アッラーと使徒に付託せよ。それが最善であり、もっともよき解決策である。〔女性章五九〕
これに対して理想的な信徒の姿は、
アッラーと使徒の許へ彼らのあいだの裁定のために呼ばれたときの信徒たちの言葉といえば、「私たちは聞き、私たちは服従します」ということである。これらの者は(来世において)成功する者である。〔光章五一〕
とされる。のちの時代には、クルアーンに立脚した法をシャリーア(イスラーム法)と呼ぶようになったが、この語はマッカ時代の章句にみられる。「そしてわれ〔アッラー〕は汝を諸事についてシャリーアのうえにおいた。それゆえそれに従え」〔跪《ひざまず》く章一八〕のシャリーアには「道」の意味があり、いわゆる法よりも一般的で広義であったと思われる。マディーナ時代の章句では、同義の別な語シルアが使われている――「汝らのあいだをアッラーが下したものによって裁け。汝に訪れた真理をさしおいて、彼らの欲望に従ってはならない。それぞれ(の預言者)に、われは法(シルア)と道(ミンハージュ)を定めた」〔食卓章四八〕。こちらのほうがより明確に法規定の意味を含んでいる。

いくつか、クルアーンに定められた規定について、みてみよう。何を食べてよいか悪いか、という食餌《しょくじ》規定については、「恵み」はすべて食べてよいという原則と、禁止されるものが例外規定として示されている。

信仰する者たちよ、われが汝らに恵みとして与えた佳《よ》きものから食せよ。そしてアッラーを崇拝するならば、彼に感謝せよ。汝らに禁じられているのは、死肉〔自然死した動物〕、血、豚肉、アッラー以外(の神)に捧げられたものである。しかし、必要に迫られた場合は、自ら望んだり則《のり》を超えるのでなければ、(これらを食べても)なんら罪はない。アッラーは赦宥者・慈悲者である。〔雌牛章一七二〜一七三〕

ユダヤ教などの煩瑣《はんさ》な規定からいえば、非常に簡素化されている。むしろポイントは神の恩寵に感謝せよ、ということであり、そこだけをみればマッカ最初期の啓示とまっすぐにつながっている。

酒は食餌規定に言及されていないが、もともと食物として禁じられたのではなく、精神に影響を及ぼすものとして一括されている。

信仰する者たちよ、酒、賭《か》け、石像（の崇拝）、矢（による占い）は、悪魔の仕業《しわざ》のけがれである。これを避けよ。おそらく汝らは（来世で）成功するであろう。悪魔が望んでいるのは、酒と賭けによって汝らのあいだに敵意と憎しみをあおり、汝らをアッラーの唱念と礼拝から遠ざけることである。（それがわかっても）汝らはやめないのであろうか。［食卓章九〇～九一］

ちなみに、酒は酩酊《めいてい》作用が問題であって、飲料としての酒が全面否定されているわけでないことは、マディーナ時代の啓示に、天国には「飲む者たちに美味の酒の川」［ムハンマド章一五］があると示されていることから判別される。

マディーナ社会では部族主義は否定されたが、家族が社会の基盤であり、その前提として婚姻が重要とされた。著名なハディースには「結婚した者は教えを半分達成した(のと同じである)」といわれている。

汝らのなかで独身の者、汝らの男女の奴隷のなかで心正しき者は、結婚せよ。〔光章一三二〕

ジャーヒリーヤ時代の婚姻慣習、性道徳は広範に男性の恣意《しい》を許すものだったようである。マディーナ時代には、クルアーンに定められた合法的婚姻だけしか認められないようになった。法制度からみれば、非常に単純になった。

うちつづく戦役のため、寡婦《かふ》および彼女たちの連れている孤児(父を失った子どもたち)が増えた。そうでなくとも、当時は病死などですぐに寡婦が生じたから、彼らを養うことは大きな社会的要請があった。婚姻制度は、その解決策としても運用されるものとなった。ムハンマド自身も――政略結婚などの理由もあったにせよ――何人もの寡婦と結婚している。

もし汝らが孤児たちについて公正に扱えないと恐れたならば、汝らがよいと思う女性二人、三人、四人と結婚せよ。もし汝らが(妻たちのあいだを)公正にできないと恐れるならば、一人だけ、あるいは右手が所有する者〔女性奴隷〕のみ(にせよ)。それが汝らが不正をしないために適当である。

〔女性章三〕
夫婦が優しく助け合う関係については、「彼女たち〔妻たち〕は汝らの衣であり、汝らは彼女たちの衣である」〔雌牛章一八七〕というような表現でも語られている。婚姻を勧める一方、うまくいかない場合には離婚も認められた。もっとも、ムハンマドは「離婚は許されたことのなかでもっとも好ましくない」〔アブー・ダーウード『スナン』〕と言っている。
イスラームは、個々人の財産権については明確に保障している。マッカ時代に大商人の横暴や弱者への不当な扱いが指弾されたが、法に従って公正な取引をすること、それによって利益を得ることはむしろ神の恩寵として肯定的である(「信仰する者たちよ、汝らの財産を汝らのあいだで不正に食してはならない。汝らがたがいに納得した商売は別である」〔女性章二九〕)。しかし、遺産については逝く者の自由裁量を限定している。規定も細かい。たとえば、
妻が遺《のこ》したものの半分が、もし彼女たちに子どもがない場合は、汝らの分である。もし彼女たちに子どもがある場合は、彼女たちの言い遺した遺言と債務(の精算)のあと、彼女たちの遺したものの四分の一が汝らの分であ

る。もし汝らに子がある場合は、汝らの言い遺した遺言と債務(の精算)のあと、汝らが遺したものの八分の一が彼女たちの分である。もし男性または女性に遺産を継承する父母も子もなく、兄弟または姉妹がある場合は、六分の一がその二人のそれぞれの分である。彼らがそれ(二人)以上の場合は、彼の言い遺した遺言あるいは他人に害を及ぼさない債務(の精算)のあと、彼ら全員が遺産の三分の一を分ける。これはアッラーからの指示である。アッラーは全知者・優しき者である。[女性章一二]
この細かさはクルアーンとしては例外的である。クルアーンは一般におおまかなガイドラインという性格が強い。礼拝にしても、「礼拝を確立せよ」といわれるが、具体的な作法、やり方はクルアーンには明示されていない。それを示すのはすべて、ムハンマドの仕事であった。そのことについて、クルアーンは「われが汝に訓戒〔ムハンマドが示すべき教え〕を授けたのは、人々に対して彼らに下されたもの〔クルアーン〕を汝が解明するためである」[蜜蜂《みつばち》章四四]と述べている。それに対して、遺産相続の場合だけ非常に細かい。これはなぜであろうか。どうやら、遺産の問題では人間は未来永劫《えいごう》にもめそうなので厳密な指示が必要、との配慮が働いたかのように思われる。なお、遺言で指定できるのは遺産の三分の一までということが、正統カリフ時代に明確化された。
社会秩序を維持するためには、刑法も必要とされる。クルアーンに定められた刑罰をイスラーム法では「ハッド刑」と呼ぶ。これに対して、裁判官が裁量できる「タアズィール刑」はムハンマドがおこなった裁判などに立脚している。刑法の体系はのちに法学者によって整備されるが、ここではマディーナ時代に定められたハッド刑をみてみよう。

正義による場合〔法に基づく死刑〕を除いて、アッラーが不可侵とした人間〔の生命〕を殺《あや》めてはならない。〔夜の旅章三三〕
信仰する者よ、汝らに殺人に関するキサース〔同害報復刑〕が定められた。自由人には自由人、奴隷には奴隷、女性には女性、と。もし、彼〔被害者〕の兄弟から赦《ゆる》しがなされる場合には、よき慣行に従い、誠意をもってその〔代償金の〕支払いをなせ。〔雌牛章一七八〕

同害報復という刑法的な罰則と、遺族が赦《ゆる》すならば賠償金で決着する民事的な解決が併用されているのは、イスラーム法の特徴である。ハッド刑はほかに、窃盗罪、姦通《かんつう》罪、不当に他人の姦通を言い立てる中傷罪などについて定められた。

ムハンマドは預言者モスクの説教壇の上から、刑罰は公正に施行されなくてはならないということを、「たとえわが娘ファーティマが盗みを犯しても、断手するのだ」と訴えている。

ほかにもさまざまな規定がなされたが、イスラーム的倫理の総集編とでもいうべき「一〇の指示」〔家畜章一五一～一五三〕をみてみよう――(1)アッラーに何ものも並べ立てないこと、(2)両親への善行(孝行)、(3)子どもを殺さないこと(嬰児《えいじ》殺しの禁止)、(4)性的不品行の禁止、(5)殺人の禁止、(6)孤児の保護とその財産を公正に扱うこと、(7)(商売における)公正な計量、(8)近親者のあいだでも公正に語ること、(9)アッラーとの誓約をはたすこと、(10)アッラーのまっすぐな道(イスラーム)に従うこと。単純化していえば、これがクルアーンが定めた宗教と社会の基本原則であった。

クルアーンには「汝らにとってアッラーの使徒のなかにはよき模範がある」〔部族連合章二一〕といわれる。ムハンマドは、信徒たちにとって模範であり、規範の源泉であった。しかし、人間としての彼は万能でもなければ、超人でもない。そのことを彼はよく自覚していたし、弟子たちがその点について誤解しないようにうながしてもいた。彼は当たり前の人間として「模範」だったのであり、神格的な存在として規範を示したわけではないからである。

ある日、彼はナツメヤシの交配について、やめたほうがいい、というアドバイスをした。マディーナはナツメヤシや麦、野菜などの農作を主産業とする町である。彼のアドバイスに弟子たちはただちに従ったが、その結果、収穫が減少した。その結果をみて、ムハンマドは「汝らの世事は汝らのほうがよく知っている」と述べたという。

彼は裁判もおこなったが、多くの調停もおこなった。こちらは司法の機能とは違い、強制力はない。結婚の世話などもやいたようである。あるときは、貧しくて婚資金が払えない男性の相談にのり、彼が暗記していたクルアーンの章句を妻に贈る婚資金として、二人を結婚させた。

ムハンマドの暮らしは、忙しく過ぎていった。

マッカ征服

前述の塹壕の戦いは、マッカのクライシュ族が半島内の同盟者を糾合してしかけた戦いであったから、塹壕に阻まれて敗退したことは、マッカ勢力の凋《ちょう》落《らく》を意味した。全力をあげた「天下分け目」の包囲戦に失敗したことは、痛手であった。クライシュ族の主流派は、およそ一七年前にさかのぼるムハンマドの預言者宣言から、一貫して父祖の宗教を捨てることに反対してきたが、長年の努力は潰《つい》えかかっている。

あるいは、このころには、ムハンマドにも自分の使命の行く末が成功に終わることが見え始めていたかもしれない。翌年(六二八年)、彼は一五〇〇名前後の信徒を率いて、小巡礼のためにマッカをめざした。マッカの抗戦派はこれに対して武力で妨害する意図を示した。ムハンマドは強行突破することはせずに、フダイビーヤの和約が締結された。これは、この年の小巡礼を中止し、一〇年間の休戦と翌年にムハンマドたちが小巡礼することを決めたものであった。また、ムハンマドがクライシュ族その他の部族のだれとでも自由に同盟を結べることを認めていた。しかし、マッカから保護者の許可なくマディーナに来た者は必ず送還するが、その逆のときはマッカ側は送還する義務がない、という不平等な条項もあった。圧倒的な軍事的優位であるにもかかわらず不利な条件で講和したことを不満に思う弟子もいたが、クルアーンは和約が勝利であると明言している。

まことにわれ〔アッラー〕は汝に明白な勝利を与えた。〔勝利章一〕

実際、この和約によってマッカ勢はムハンマドを対等な相手と認めたわけであり、また同盟政策の自由は、他部族がマッカからマディーナ側に寝返ることを許したわけであるから、外交的には完全な勝利であった。

その翌年、ムハンマドは小巡礼をおこなって、前年の望みを達成した。この間、両者のあいだの均衡は保たれた。しかし、フダイビーヤの和約以降、水面下で大きな変化が起こっていた。マッカの指導者のなかの最長老であるアブー・スフヤーンはすでにマディーナ側と気脈を通じ、ウフドの戦いでムスリム軍に痛打を与えた闘将ハーリド・イブン・ワリードもイスラームに帰依していたからである（ハーリドは、のちに大征服で大きな役割をはたす）。

さらに翌年の六三〇年、ムハンマドはマッカ側の違約を機会に、フダイビーヤの和約が無効になったと宣言し、マッカへと軍勢を進めた。フダイビーヤの和約以来、マッカ側の抗戦派ですらもはや勝ち目がないことを承知していたのであろう。抵抗はせず、枯れ木が朽ちるように、マッカ征服は無血のうちに完了した。

降伏に合意したアブー・スフヤーンはマッカの人々に対して、彼の家に避難する者、自宅で戸を閉ざす者、カアバ聖殿に行く者は安全が保障される、と宣言した。ムハンマドが命からがら故郷をあとにしてから、わずか八年後のことであった。

彼はカアバ聖殿に入ると、杖《つえ》で聖殿を取り囲む偶像を次々に打ち倒していった。ブハーリー『真正集』によれば、そこには三六〇体の偶像が配置されていた。彼は、それを倒しながら、かつてマッカ時代に下された章句を唱えたという。「預言」の成就を深く感じたに違いない。

真理が訪れ、虚偽は消え去った。〔夜の旅章八一〕

マッカをアッラーを信仰する中心地とし、マディーナをイスラーム共同体の政治の中心とすることはすでに確立していたので、マッカ征服後もその配置は変わらなかった。ムハンマドが再移住するのではないかと恐れたマディーナの者たちは安堵《あんど》した。ムハンマドは、「マッカ征服ののち、ヒジュラはない」「ブハーリー『真正集』」と宣言した。多神教徒の弾圧から逃れて、家を捨て、移住をするという宗教的美徳は、すでに必要なくなったという意味であり、たとえマディーナに移住しても、それは宗教的な意味での聖遷ではなく、単なる移住ということになる。ムハージルーン(移住者)という称号は、もはや新たな移住者には適用されなくなった。
征服に際して、マッカの住民は大挙、イスラームに帰依した。その様子は、クルアーンに、
アッラーの援助と勝利が訪れ、汝は人々が群れをなしてアッラーの教えに入るのを見た。それゆえ、汝の主を賞賛して讃《たた》え、その赦しを乞え。まことにかれは悔悟の受容者である。〔援助章一〜三〕
と描かれている。ムハンマドはマッカ征服に際しても寛容であったが、彼らがイスラーム側に移ることについてもきわめて寛大な政策をとった。「入信後おこないのよい者は、ジャーヒリーヤ時代の行為について罪を問われることはな

い」「ブハーリー『真正集』」というハディースも伝わっている。イスラームが勝利した以上、長年の対立を融和する意図もあったであろう。大挙した入信者のなかには、当然、打算的・付和雷同的に、あるいは保身のためにイスラームを認めた者もあるであろう。それを問うことはしていない。イスラームはその後の時代でも、新しい入信者の入信の理由や動機についてうるさくいう習慣がないが、それはこの時期に確立された慣行であろう。マッカ征服以前は、真剣で命をかける用意がある者だけがイスラームに入る時代であった。

一言、アブー・スフヤーンについていっておこう。彼は長らくマッカの指導者であった。彼がマッカの征服前にすでにムハンマドに対して降伏の用意をしていたことは、すでにふれた。降伏以降はイスラームに加わった。このことはムハンマドの外交政策の巧みさを物語っているが、宗教的にみた場合、アブー・スフヤーンの回心をどうとらえるべきであろうか。彼はウフドの戦い、塹壕の戦いを率いた人物である。隆盛するムハンマドたちの力を前に政治的判断をしたのであろうか。いや、イスラームと戦いつづけた人物だったからこそ、自分たちの敗北に神威を感じ取ったということであろうか。

政治的決断だったのか、宗教的に得心していたのか、という疑問は、この一家のその後の幸運と関わる。彼の息子ムアーウィヤは遅くイスラームに参加した者でありながら、正統カリフ時代が終わると、最初のイスラーム王朝であるウマイヤ朝を開くにいたるからである。

時期が多少前後するが、のちに、ムハンマドは北方のイバルを征服している。これはかつてマディーナから追放されたユダヤ教徒の住む町であった。またタブークに遠征し、周辺のユダヤ教徒、キリスト教徒の恭順を受けた。ここで、啓典の民(ユダヤ教徒、キリスト教徒)は人頭税を払えば安全に住むことができる、という原則が確立された。これによって、イスラーム国家は、版図内の宗教共同体には人頭税と引き替えに自治と宗教の自由を認める、という宗教共存の仕組みをつくりあげることになる。

また、マッカ征服の前に、さらに北方シリアへの遠征が企画された。その後の大征服につながる基本方針が示されたのである。しかし、その指揮をとったザイド・イブン・ハーリサは、ムウタの地で敗死した。彼はかつてムハンマドの養子だった人物で、信任も厚かった。

別離の巡礼

マッカ征服の翌年、ムハンマドはアブー・バクルを先頭とする巡礼団を送った。自分自身はさらにその翌年、巡礼を率いている。彼がおこなった最初で最後の大巡礼は「別離の巡礼」と呼ばれるようになった。アラファの野にあるラフマ山での説教が、ムスリム全体に対する最後の説教となったからである。

ムハンマドがおこなった巡礼のさまざまな儀礼は今日まで伝えられ、毎年全世界からマッカに集う巡礼者が彼がたどった道筋を歩いて、アッラーを祈念する。ムハンマドが確立した巡礼の儀礼は、おおむねイスラーム以前からの儀礼を引き継いだものであるが、そのことは彼にとってなんの矛盾でもなかった。イスラームはイブラーヒーム(アブラハム)の教えを再興すると主張している。その観点からみれば、もともと巡礼はカアバ聖殿を築いたイブラーヒームが始めたことであった。巡礼と多神教が結びついたのは、イブラーヒームの教えを忘れた人々がおこなった逸脱の結果であり、ムハンマドによって巡礼が本来の意味を回復したと考えられる。

彼に従って巡礼した者の数は非常に多く、彼らがアラファの野に結集した様子はイスラームの広がりを実感させるものだったに違いない。多くの巡礼者を前に、ムハンマドは「人々よ、わが言葉をよく聞きなさい。あるいは、この年のあと、私が汝らと再会することはもはやないかもしれない」と言って、イスラームの教えを総括するような説教をおこなった。

彼は、「人々よ、わが言葉をよく考えよ。私は確かに(教えを)伝達した。私は、汝らのあいだに、それにしっかりとつかまっていれば決して事を誤ることのないもの、すなわちアッラーの啓典(クルアーン)とアッラーの預言者のスンナ(慣行)を残した」と述べた。拡声器もない時代なので、群衆に聞かせるために、彼の言葉を弟子の一人が一句一句大声で繰り返した。

また、彼は言った。「人々よ、わが言葉をよく聞き、考えよ。汝らはそれぞれのムスリムがたがいに同胞であり、すべてのムスリムが(全体として)同胞であることを知っている。それゆえ、人は同胞に対して、善意なきものをもたらしてはならない。汝ら自身に不正をなしてはならない」。

そして、彼は聴衆に訊《き》いた——「私は確かに伝達したか?」。彼らは大声で

アラファの野にあるラフマ山＊
巡礼者たちはこの山で、
クルアーンを読誦し、
アッラーに祈る。
ムハンマドは
「別離の巡礼」において
この山で説教をおこなった。

「しかり」と答えた。彼はさらに説教を続け、イスラームの教えを概括した。ムハンマド時代に関するかぎり、イスラームの布教は最終段階に達したといえよう。

イスラームという名称

イスラームは、開祖の時代に聖典のなかで宗教名が明示された点で珍しいとされる。たしかに、キリスト教も仏教も、開祖がそのような名称を示したわけではない。イスラームという名称は、いつごろ確立されたものであろうか。マッカ時代の章句には、「ムスリム」という言葉はたくさん出てくる。ムスリムとは「帰依した者」を意味するが、帰依の動名詞がイスラームであるから、ムスリムという言葉があれば「帰依すること」を意味するイスラームの語は、当然存在する。しかし、それだけでは、それが宗教名として定められたことにはならない。

じつは、宗教名としてイスラームが定まったのはマディーナ時代と考えられる。本書ではイスラームという名称を最初からずっと用いてきたが、それは読者の便宜を考え、またイスラームを「帰依」という一般的な意味にとることもできるためであるが、厳密にいえば正確ではない。クルアーンにはマディーナ時代の章句に、
イスラームへと呼びかけられていながら、アッラーについて嘘《うそ》を捏造《ねつぞう》するよりも不当なことがあろうか。〔戦列章七〕
まことにアッラーの御許《みもと》の教え（ディーン）はイスラームである。〔イムラーン家章一九〕
とあり、この啓示の時点でイスラームという呼称が確立していたことははっきりしている。もう一つ、最後期と思われる章句に、いっそうはっきりと宗教としてのイスラームが登場する。
今日われ（アッラー）は汝らのために汝らの教え（ディーン）を完成し、汝らのために教えとしてのイスラームに満足した。〔食卓章三〕
これは明らかにムハンマドの使命の終了を示唆する啓示の言葉であろう。時期は別離の巡礼のあととされる。このあとにも二、三の章句が下る。ハディースをみると、ムハンマドは世界の終末、来世のことなどについては多くの「予

言」をなしている。しかし、自分自身の人生については、他の人間と同じように予測はできなかった。他の人間と違うのは、「預言の器」であることを引き受けて以来ずっと、将来に不安をもつこともなく啓示の命じるままに鮮烈に生きたことであろう。予測はできないとはいえ、この章句は使命の終わりが近いことを感じさせるものだったかもしれない。

死の直前にシリア遠征軍を編成し、自ら率いる姿勢を示したことを根拠に、まだ先があると思っていたのではないか、と推測する欧米の歴史学者もあるが、どうであろうか。よしんばそうでも、遠征の目的は「預言者」としての使命の完成とは関係がないであろうし、クルアーンの教えをみても、死の時を決めるのはアッラーであり、人は生きているかぎり努力を続けるのみ、という色合いが濃厚であろう。

ムハンマドの死

クルアーンの章句でどれが最後に下ったものであるか、いくつもの説があるが、確定的な定説はない。内容からみて、先のイスラームの「完成」を示す章句ではないかと論じる説もあるが、やや根拠が弱い。どの説も決定的ではないとはいえ、ムハンマドの人生の最後を飾る章句という点からいうならば、私のみるところ、次の二説が魅力的である。

汝らがアッラーに還《かえ》される日を畏《おそ》れよ。すべての魂は自らが稼いだ分を支払われ、彼らはだれも不当に扱われることがない。「雌牛章二八一」
汝らのために、汝らのあいだから使徒はやってきた。汝らの苦難を悲しみ、汝らのことに心を砕き、信徒たちに対して優しく慈悲深い。もし彼らが背き去っても、言え、「私にはアッラーで十分である。かれのほかに神なし。かれに私はすべてを託した。かれは偉大な玉座の主である」。「悔悟章一二八～一二九」

人生の最期に、ムハンマドは一〇日ほど病んだ。マディーナでは珍しくないごくふつうの熱病だったと思われる。彼は妻たちの部屋を一日ずつ回って暮らしていたが、病に倒れた日はマイムーナという妻の部屋にいた。死期を悟った彼は、最愛の妻アーイシャの部屋で死ぬことを望んで、妻たちを呼び集めた。妻たちはそれぞれ夫に対して権利をもっていたが、彼はその権利を譲ってもらうことについて妻たちの許可を得た。ここには家庭人としての彼をみることも、新しい法体系の主宰者として彼をみることもできる。いずれにしても律儀な態度であった。

アーイシャに看病されて、彼は逝った。若き日のことはわからないことばかりであったが、死の時はほぼ正確に同定することができる。ヒジュラ後第九年三月(ラビーウ・アウワル月)十三日(西暦六三二年六月八日)であった。

5 ムハンマドの実像を求めて

家族たちのその後

ムハンマドは六三二年の生涯を終えた。自らの使命が完了したことを知って、満足してこの世を去ったことであろう。残された弟子たちは、彼の死によって生じた危機に狼狽《ろうばい》した。彼らにとってイスラームとは、クルアーンに従い、ムハンマドに従うことであった。そのため、「ムハンマドなきあとのイスラーム」への備えができていなかった。まず何よりも、共同体の長をだれが務めるのかという問題があった。いや、そもそも「預言者」にかわってだれかが長を務めることなど、できるのであろうか。

この危機を収拾する中心人物となったのはアブー・バクルであった。彼は「預言者のハリーファ」と名乗って共同体を率いることになる。ハリーファとは後継者または代理人をさす。ここから先は、イスラーム初期の歴史としてすでに優れた研究書、概説書が書かれている。ムハンマドを描くという本書の目的からいっても、すでに外れている。ここでは、彼の死後、家族たちがどうなったかについて補足しておこう。

彼には四人の娘がいたが、三人は彼に先立って亡くなった。末娘のファーティマは、彼よりさらに半年ほど生きた。最後に残った娘として父親の世話をしたため、「自分の父の母」とも呼ばれている。夫は、ムハンマドの従弟《いとこ》のアリーである。アブー・ターリブのこの息子を、ムハンマドとハディージャは手元において養育して可愛がった。アリーの聡明《そうめい》さをムハンマドが愛していたことは、さまざまな記録が物語っている。アリーとファーティマのあいだには、ハサン、フサインという息子がいた。ムハンマドにとっては孫である。

孫としては、長女ザイナブの娘と息子もいた。ムハンマドが孫を可愛がったことは、たとえば、礼拝の際に孫を抱いたり降ろしたりしながら、礼拝儀礼を続けた逸話からもうかがえる。大事な礼拝のときには子どもは遠ざけよ、という態度を彼はとらなかった。これは、ムスリムたちにとって、子どもの取り扱いに関する規範となっている。

ムハンマドは「ハサン、フサインはわが子(のようなもの)、わが娘の子どもたち。(さらに祈って言った)おおアッラーよ、私は彼らを愛しています、どうか彼らを愛し、彼らを愛する者を愛してください」〔ティルミズィー『スンン』〕と語っている。のちにこのようなハディースはムハンマドの子孫を特別視する典拠となるが、その時点では、孫への愛情を表現しただけかもしれない。ただ、ハサン、フサインが自分の直系の子孫であることを確認する意味はあったであろう。父系を厳密にとるならば、彼の子孫は娘の代でいったん切れていることになりかねない。ハサン、フサインからは数多くの子孫が生まれ、全体として「預言者の一族」と呼ばれて今日にいたっている。

ムハンマドとハディージャには、養子がいた。ザイド・イブン・ハーリサである。彼は市場で子ども奴隷として売られていたところ、ハディージャがムハンマドのために手に入れ、解放して養子となったという。養子時代はザイド・イブン・ムハンマドと名乗っていたようである。しかし、その後クルアーンの規定で養子制度が禁じられたので、本名に戻った。わが子同然の扱いは変わらなかったであろう。彼は最初期にイスラームに帰依した。バドルの戦いに参加し、マディーナに勝利の報をもたらす役割をしている。彼の子のウサーマにも、ムハンマドは目をかけた。晩年に、まだ若いウサーマをシリア遠征軍の指揮官に任命している。戦死した父ザイドの報復戦の意味もあったが、ムハンマドの軍事的才能からみて、指揮能力もないのに任命したとは思えない。しかし相当な抜擢《ばってき》人事であったことは間違いなく、遠征軍が出発する前にムハンマドが亡くなると、長老たちのあいだからこの人事を変更する案が出た。イスラーム国家の長としてアブー・バクルは、ムハンマドの決定を尊重する決断を下している。

妻たちは、彼の没時に九人いた。ハディージャが亡くなったあと、彼は一〇人(異説あり)の妻と結婚したが、そのうち、ザイナブ・ビント・フザイマはマディーナで結婚したその年に亡くなっている。「預言者の妻たち」には、一般の信徒とは別の特別規定が二つある。一つは四人という人数制限がない点である。ムハンマドは、社会的・政治的要請に応じて次々と結婚を重ねた。もう一つの規定は、彼女たちが再婚できないというものである。彼女たちは「信徒たちの母」〔部族連合章六〕と呼ばれたが、母親は子どもと結婚できないという含意を読み取ってもよい。

ムハンマドの没後一〇年ほどで二人亡くなっているが、そのほかはおおむね三〇〜五〇年ほど生きた。もっとも長生きしたマイムーナ・ビント・ハーリスはヒジュラ暦六一年(六八一年)に亡くなった。ハディージャを含めて、ムハンマドの妻はみな寡婦《かふ》または離婚者であった。唯一の例外はアブー・バクルの娘アーイシャで、ムハンマドは彼女の利発さを非常に好んだようである。複数の妻を平等に扱うことについてムハンマドは厳格であったが、「心のなかの愛はアッラーの御業《みわざ》」とした。アーイシャが晩年の最愛の妻であったことは間違いなく、前章で述べたように、ムハンマドは彼女の部屋で亡くなった。その時点で、アーイシャはおよそ十八歳であったと思われるが(六一四年頃生まれ)、六十代の半ばで生を終える(六七八年)まで、ムハンマドについて多くを語って暮らした。四十歳くらいまでは政治にも深く関与したが、その後はイスラームの知識を広めることに専心した。雄弁な女性で、アラブ詩に長《た》け思うがままに詩を引用できたといわれる。

彼女の部屋はムハンマドの墓所となったが、第三代カリフ・ウスマーンの時代のモスク拡張工事によってモスク境内に含まれることになった。拡張工事は後世にも何度もおこなわれたが、オスマン朝時代に墓廟《ぼびょう》の上のドームが緑に塗られ、それ以来、緑のドームが預言者モスクの象徴となっている。ムスリムにとっては、マッカ巡礼のあとでマディーナを訪れ、預言者モスクで祈りを捧げることが好まれている。これはムハンマドの死後、現在まで続く慣行となっている。

ムハンマドの役割は何であったか

これまで、ムハンマドの生涯を、六世紀から七世紀にかけてアラビア半島で実際に生きた人物として描いてきた。私としてはできるだけ事実に即して彼の人生を再構成しながら、同時に思想史的な観点から、彼の実体を探るように努めたつもりである。読者の皆さんにも、彼がどのような人物であったか、その概観をつかんでいただけたのではないかと思う。

ここから先では、ムハンマドとは人類史にとって何であったのか、何であったと考えるべきなのか、私が過去二〇年近くにわたって思索をめぐらせてきたことにふれながら、皆さんとともに考えてみたい。

一つは、イスラーム成立におけるムハンマドの中心性である。開祖なのだから中心的なのは当然と思えるが、さまざまな宗教をみた場合に、イスラームにおけるムハンマドほど、開祖の占める比重が高いことは珍しい。もちろん、ユダヤ教、ヒンドゥー教、神道などの特定の開祖をもたない宗教とは比較にならないが、キリスト教のように特定の開祖がいても、必ずしもすべてが開祖に起因するわけではない。キリスト教の成立については、イエス・キリストとならんで、弟子のパウロの影響の大きさが無視しえないし、新約聖書の中心にある福音書にしても、イエス・キリスト自身が書いたわけではない以上、彼の意図と執筆者の意図とが合わさっているとみなくてはならない。

ところが、イスラームの場合、聖典クルアーンについては、それをアッラーの啓示とみなすにせよ、そうは考えないにせよ、そこにはムハンマド以外の人間は介在していない。第二の典拠となるハディースは、ムハンマドの言行を記録したものであるが、ここでもムハンマドの中心性は明白である。もちろん、ハディースの真偽の検証という問題(後述)もあるが、いずれにしても、ムハンマドだけが出典として権威をもつ、という認識は貫徹している。「開祖の占める比重」の高さ、ムハンマドの中心性は明らかであろう。

そこだけをみると、ムハンマドが一人でイスラームをもたらした、といっても過言ではない。彼の残した濃厚な刻印をみれば、この宗教を「ムハンマド的」と形容したくなっても当然である。しかも、そのイスラームが今日の国際社会において世界人口の五分の一、国の数で数えれば三割を占めるまでに成長したのであるから、人類史上もっとも影響力をもった宗教思想家の一人、と評価することができるであろう。

しかし、彼の中心性を強調しすぎると、重要なポイントを見逃すであろう。彼の比重、重みがどれほど大きいにしても、イスラームの生成は、彼に従った弟子たちとの共同の作業であった。弟子たちの役割は、彼がもたらす「啓示」を受け取るだけではなかった。私たちはつい、「啓示が下される」ことを実体験していたのはムハンマド本人だけである、と考えがちになる。他の人々に天使が見えないのであれば、彼が受け取ったと主張する啓示を信じるかどうかだけが選択肢のように思われる。しかし、人は目で見ることだけで確かな実体験

19世紀の書道作品(シリア)
「ムハンマド」と大書したまわりに
「アッラーの使徒なり」
「彼の上にアッラーの祝福と平安あれ」
「アッラーこそ証人なり」
と書かれている。

を得るわけではない。

たとえば、マッカ時代にクライシュ族が、さまざまな批判、嘲笑《ちょうしょう》、誹謗《ひぼう》をムハンマドに投げかけた。ムスリムたちも、それをよく知っている。その批判、嘲笑の言葉に対して、「啓示」が下る。「汝《なんじ》らの輩《ともがら》〔ムハンマド〕は決してジン憑《つ》きではない」〔包み隠し章二二〕のように。ここの「汝ら」はマッカ住民を指している。嘲笑するクライシュ族にもあてはまるが、ムハンマドに従うムスリムたちにもあてはまるであろう。弾圧下のマイノリティである信徒たちに、絶対神アッラーが、「汝らの指導者は決してジン憑きではない」と語りかけているのである。

あるいは、第三章であげた移住の際の挿話を例にあげてもよい。あそこでは、ムハンマドとアブー・バクルがマッカからの追討隊を避けて洞窟に隠れていた。見つかるのではないかと怯《おび》える盟友に、ムハンマドが安心させようと声をかけた。その情景が、啓示として下されたクルアーンの章句に述べられている。アブー・バクルが、自分が啓示体験の一部をなしている、と感じないはずがないであろう。

ムハンマド時代に起こったことは、後世において非ムスリムに一冊の本が示され、「これは聖典クルアーンです。神の言葉と信じますか」と問われるような事態ではないのである。ムハンマドとともに生きた人々は、啓示をめぐる体験を自らがふれられるリアリティとして感じることができた。

さらにいえば、ムハンマドの没後には、弟子たちによってその集団的記憶がイスラームへの確信として伝えられた、と考えることも可能であろう。

ムハンマドの中心性、時代的な共同性の両者を合わせて表現する言葉として、私は、「ムハンマドは巨大な思想現象であった」と言っている。彼を取り巻いてあの時代に起こったのは、一人の人間が思想家として自分の考えを紡ぎ出したということではなく、預言者としてのムハンマドと彼に従った信徒たちが、「神の啓示」を共有しながらダイナミックな相互関係のなかに生き、共同的に「イスラームの成立」という思想現象を実現した、ということである。しかし、共同的とはいえ、そこにおけるムハンマドの存在はあまりに重い。そこで、「ムハンマドとその弟子たち」ではなく、ムハンマド自体が「巨大な思想現象」であった、と表現している。ムハンマドは、その現象を共有し、いっしょに生きることを弟子たちに要求したともいえよう。私はしばしば、ムハンマドに近しい信徒を「弟子たち」と呼んできたが、アラビア語では彼に従った人々を「サハーバ」という。通例「教友」と訳されているが、「仲間」「輩《ともがら》」「いっしょに行く者」「共に生きる者」というニュアンスをもっている。

「預言者時代」に参加した人々

「啓示を受け取って、世界宗教としてイスラームを確立する」ことを、ムハンマドとその弟子たちが共同行為としておこなった。そのことは、すでに諒解いただけたことと思う。啓示を受け取る預言者、それを信じるだけの弟子たち、というような単純な関係ではない。そのようにして起こった全体を、私は「ムハンマドを軸とする巨大な思想現象」として位置づけ、そのような存在としてムハンマドを描くよう、本書では努めた。

　次の問題は、これは客観的評価としてそういえるだけなのか、当人たちもそのことを自覚していたのか、ということである。ムハンマドをとおして「神とのコミュニケーション」を身近に感じたとしても、そのなかで必死で生きていたということと、それがもっている意味まで自覚していたというのでは、明らかな違いがある。

言いかえると、こういう問題である。神と交感して生きる、ということは多くの神々がいる世界ではそれほど不思議なことではない。しかし、クルアーンの神は絶対神、超越神である。他方、ムハンマドとその弟子たちが生きているのは、ある時代のアラビア半島という具体的なディテールをもつ世界である。絶対神と日常性をもつ人間の暮らしがいかにして交わりうるのか。その点を彼らはどう考えていたのか。もちろん、この時代の人々は、「絶対存在と相対存在がどのような位置づけになるか」というような哲学的な発想をまったくもっていない。「絶対神」という言い方も現代的な表現で、クルアーンはもっと言語的イメージで語っている。しかし、自分たちの生きている日常の事柄に関して、明らかに絶対的な神が語りかけてくるということについて、なんの考えもなかったということはないであろう。

一つの解釈は、彼らは自分たちに直接語りかけてくる「人格神」と相対していた、という考え方である。そうであれば、隔絶した超越神という問題自体が、私たちが設定している問いであることになる。しかし、クルアーンに登場するのは人格神だけではない。私たちがクルアーンを熟読し、後世の神学的議論を排して、ムハンマド時代にもったであろう意味合いを想像してみた場合に、やはり、そこには全能で、恐るべき力をもち、世界を思うままに創造し、終末がくると世界を粉々に破壊する神のイメージは、はっきりと浮かび上がる。さらに、その神は世界が創造される前からひとり厳然と存在し、何にも依存せず、いかなるものとも比べようがない。言語的イメージの世界で、超越性や無限性は明白に語られていると思わざるをえない。

いろいろ考え合わせてみると、どうも、彼らは——少なくとも、ムハンマドとその直弟子たちは——彼らの生きている時代が「特殊な時代」であると感じていたのではないか、と思えてならない。特殊というのは、超越的な神が歴史の形成そのものに直接介入している時代、という意味である。彼らはだれもが、ムハンマドの死とともに「預言者時代」が終わることを知っていた。しかも、ムハンマドは「最後の預言者」とされたから、預言は彼の死とともに完全に終わらざるをえないのである。その預言の時代の長さは、現在進行形の当時は彼らには何年かわからなかったにせよ、二〇年なり三〇年という程度であって、五〇年、一〇〇年ではありえない。その短い同時代に生きている者だけが、神との交感を実体験できるのである。非常に特殊な時代であろう。そのような時代に参加しているということを、彼らは薄々であれ自覚していたように思われる。

叱られる預言者

ムハンマドの同時代人たちは啓示の時代に立ち会った、という観点からみると、非常に面白い現象が一つある。それは、ムハンマドが啓示によって批判を受けている――いわば、アッラーに叱《しか》られている事例があることである。

「眉《まゆ》をひそめた章」という題名のマッカ時代の章は、ムハンマドが有力者たちに布教している最中に目の見えない者が質問に来たとき、思わず「眉をひそめた」ことを痛烈に批判している。

彼〔ムハンマド〕は眉をひそめ、顔を背けた。盲人が来(て、話が中断され)たからである。なんで汝《なんじ》にわかろうか。彼は自らを清めるかもしれない。あるいは警告を受け入れ、訓戒が彼に益をもたらすかもしれない。汝を必要としない者〔有力者〕には、汝は敬意を払う。その者が自らを清めなくとも、汝に咎《とが》はない。畏《おそ》れを抱きながら汝の許に熱心に来た者には、汝は注意を払わなかった。否〔そうあってはならない〕、これ〔クルアーン〕は訓戒である。それゆえ、望む者にはだれでもそれを教えよ。〔眉をひそめた章一～一二〕
初めのころのムハンマドは、「啓示の器」たる重責のゆえに、啓示が下り始めると必死で復唱したようであるが、それもやめるよう言われている。
〔啓示を〕急がせるために、汝の舌を動かしてはならない。それ〔クルアーン〕を集め、朗誦《ろうしょう》させるのはわれわれの務めである。それゆえ、われがそれを読誦したときは、その読誦に従え。〔復活章一六～一八〕
別な事例は、マディーナ時代の次のような章句にみられる。
預言者よ、なぜ、汝の妻たちを喜ばすために、アッラーが合法となしたものを禁止するのか。アッラーは恕免者《じょめんしゃ》・慈悲者であられる。〔禁止章一〕
これに続く章句を読んでも、具体的に何があったかは書いていないので、ハディースのなかから対応する状況を探す必要がある。どうやら、次のような話である。ムハンマドが妻の一人の部屋で蜂蜜《はちみつ》を飲んだあと(彼は蜂蜜を好んだ)、別な妻の部屋に行くと、「あなた、何かにおいますわ」と言われた。また別な妻のところでも同じことを言われ、「二度と(蜜を)飲むまい」と言った、という事件である。背景には、明らかに妻同士のさや当てがあるであろう。たわいもないといえばたわいもない話であるが、ムハンマドは信徒の「規範」であるから、法制上の意義からいうとたかが蜂蜜とはいえない。

このような「叱られる預言者」をみていると、私たちは驚きを覚える。何も、叱責《しっせき》された姿を聖典として未来永劫《えいごう》に残す必要はないようにも思われるからである。おそらく弟子たちも、ムハンマドですらアッラーの批判を受けるという事実に驚いたことであろう。それは同時に、「神との交感」を実感させる出来事だったに違いない。

我執を捨てた人

ムハンマドは非常に多彩な才能と活動を示したうえ、生活について禁欲的な態度を示さなかった――というのは、必ずしも適切な言い方ではない。俗世から身を遠ざける禁欲的な行動は、非常に多くみられる。たとえば、彼は夜間の任意の礼拝を好んだが、ずっと立って祈っているため、朝には脚がむくんでいた、というような記録がある。一カ月間の断食をするラマダーン月の下旬にはモスクに籠《こ》もって俗事をすべて遠ざけたという。そもそも、ラマダーン月は、全信徒が毎日、日中(夜明け前から日没まで)の飲食や性行為を慎む期間である。禁欲的といえば、きわめて禁欲的な戒律であろう。
より正確にいうならば、イスラームは禁欲を基調とする宗教ではないが、教えのなかには多くの禁欲的な、あるいは宗教修行的な行為が含まれている。たとえば、マッカ巡礼はそれ自体が宗教的な修行であるが、さらにその期間中は草木一本抜いてもいけないし、性行為はおろか、巡礼者同士が婚礼に関する相談をすることも許されない。俗世を捨て、神の道に励むという側面だけを探せば、クルアーンにもムハンマドの事跡にも、あふれるほどの事例がみられる。禁欲的・修行的な行為について、当時もっとも熱心だったのがムハンマドであることも、疑いを入れない。

しかし、イスラームは明らかに、俗世を捨て、禁欲することを推奨する宗教ではない。その理由は明らかであろう。イスラームには、出家僧や独身の聖職者といった、俗人と別なステータスが存在しないからである。クルアーンは修道院に対して、篤信《とくしん》を評価する一方、制度については批判的である〔鉄章二七など〕。ただし、ムハンマド時代に聖俗あるいは僧俗の区分を設けない、という意識が強烈にあったわけではない。アラビア半島ではキリスト教が優勢だったわけでもなく、そのようなものを意識してアンチテーゼを提出する意図は希薄であろう。

本書でもみてきたようなムハンマドの生涯をみると、この点については自然体であったと思われる。唯一神の創造した世界を肯定的にみる。アッラーさえ知覚していれば、現世を否定的にとらえる必要はない、ということであろう。神の恩寵《おんちょう》を食べ、楽しみ、しかし禁じられたものは避ける、という単純ともいえる態度がみられる。

しかし、そのような点だけに注目していると、宗教者としてのムハンマド像が拡散する面も否めない。少し、彼の宗教的・精神的境地というものについて考えてみたい。仏教風にいえば「悟り」に相当するような精神的次元はどうだったのであろうか。

彼が「己れ」を捨てていたかといえば、たとえば「預言の器」たるために、我欲《がよく》を排していたことはよくわかる。しかし、問題はもっと大きなことであろう。こういうふうに設問してみてもよい——彼は、全宇宙の創造主の最後にして最大の使徒、と名乗ったのである。地上最強の「諸王の王」ですら、この主張の前では霞《かす》むであろう。いったい、それはどのような心的境地を生むものなのか。

じつのところ、彼の宗教的主張には、とほうもない内容が少なからず含まれている。たとえば、きわめて頻繁に引用されるハディースで、彼は「汝ら〈信徒〉の信仰は、私が汝らにとってもっとも愛《いと》しい者となるまでは、完全ではない」と言っている。だれよりも——自分自身さえよりも——私を愛せよ、と。

宗教的境地について直感的に論ずるのは危険であるから、こうした発言に出会うとき、私としては論理的に思考したいと思うが、この言葉は我執《がしゅう》のわざなのか、そのまったく逆なのか、どちらか二つの一つと考えられる。己れを高く評価するという我執があるのであれば、これ以上の我執はないであろう。

じつは、この言葉を聞いたウマル・イブン・ハッタープ(のちの第二代正統カリフ)が、「私は、自分自身を除いて、だれよりもあなたがもっとも愛しい者です」と返答した、と伝えられる。それに対して、ムハンマドは「汝自身よりも、でなくては」と答えた。それを聞いて、ただちに意味を悟ったウマルは、「ただいまより、あなたは私自身さえよりも愛しい者です」と答えた、という。その文脈でいえば、ムハンマドは明らかに信徒たちに我執を捨てることを教えている。

そうであるとすれば、ムハンマドの言葉を彼自身の我執ではない、ととらえるほうがよい。長年この問題について考えてきた私のとりあえずの答えは、ここでムハンマドが語っている「私」とは「アッラーの使徒」であって、人間ムハンマドではない、という点にある。彼はだれよりも「アッラーの使徒」を愛せよ、と言ったのではないか。そう解釈するならば、彼の言葉は論理的に説明がつく。アッラー自身は見えない以上、人々は「アッラーの使徒」という扉をとおしてしか、アッラーにたどり着けない。しかも、その扉は一人一人の来世での救済のための扉なのである。論理的にいえば、己れを真に愛するならば、己れを救済してくれる扉をこそ愛するべき、ということになる。たとえば、ムハンマドのハディース「私のために祝福の祈りを捧げよ。私のために祈る者には、アッラーが一〇倍の祝福を下される」は、まさにそのような回路を示している。

「アッラーの使徒」が前面に出ているとき、人間ムハンマドはある意味で透明化している。彼自身の我執はまったく捨てられていたのではないか、と思う。ムハンマドの生涯をみていて興味深いのは、この二重性である。そこには二つの人間存在がある。人間ムハンマドとアッラーの使徒と。決して、二つは使い分けられているとか、分離しているということではなく、融合している。しかし、たしかに二つの存在があるのである。そこが面白い、と思う。

このことを考えないと、イスラームがなぜあれほどまでにアラブ的な衣をまとっているのかも、わからない。普遍的な世界宗教、しかも最後の啓示だというのであれば、もっと文化横断的な宗教であってもよかったのでは、という疑問は、日本人からみて決しておかしな問いではない。しかし、アラブで生まれたイスラームが、その後きわめて文化横断的で、多民族・多言語的な宗教に発展したことも事実であろう。おそらく、人間ムハンマドはアラブ的であり、アッラーの使徒は普遍的であるというような二重性があるのであろう。

しかし、「だれよりもアッラーの使徒を愛しい者とせよ」と言ったとき、人間ムハンマドの己れは限りなく無化しており、アラブ文化の鋳型《いがた》も背景に飛び去っていたのではないか――もし、こういうならば、思想研究者としてはやや読み込みすぎであろうか。

ハディースの問題

ムハンマドの実像を探るうえで、史料の問題にもう一度立ち返っておきたい。第一章で、事実史的にムハンマドの生涯を再構成することは、それほど簡単な問題ではない、と述べた。それはクルアーンが、具体的な事件や固有名詞をめったに記述しないことにも起因しているが、ここでは、もう一つの重要な史料であるハディースについて検討したい。

ムハンマドの言行の記録であるハディースは本来、彼についての重要な史料を構成するはずである。しかし、彼の言行を語るという行為はその死後きわめて盛んになったうえ、さまざまな理由から「彼が語った」と称するあやしげな言説も広く流布するようになった。おおまかにいって四つの原因があげられる。一つは宗教的な目的で、分派などが自分たちの見解をハディースと称して正当化したこと、二つ目はウマイヤ朝などが政治的な目的で、自分たちを擁護するハディースを捏造《ねつぞう》したこと、三つ目は物語師などが営業的な目的でハディースを生産したこと、四つ目は正当な伝承者たちの一部が記憶違い、耄碌《もうろく》などを起こして、誤ったハディースを伝えたことである。そのため、信憑性《しんぴょうせい》のあるハディースを選《よ》り分けるためにハディース学が成立した。

より信憑性の高いハディースを中心としたハディース集が成立したのは九〜十世紀である。その過程で、偽造、捏造、脆弱《ぜいじゃく》とみなされたハディースの多くが排除され、消滅した。一〇〇万単位で存在したハディースが数万まで精選された。精選されたものについても個別のケースについては信憑性を検討する議論が続き、それは現代でもおこなわれている。しかし、第一章でもふれたようにブハーリー、ムスリム・イブン・ハッジャージュの『真正集』のように、信憑性の高さについてイスラーム世界内部では合意が成立したハディース集もある。

さて、近代にはいってから、欧米の東洋学でもハディースの研究がおこなわれるようになった。そこではハディース学の史料を用いながら、近代的な文献学の方法で信憑性を検討するということがおこなわれた。最初は、イスラーム世界で信憑性が高いとされているハディースですら偽造ではないかという議論がおこなわれた。しかし、学界では、それに対する強い反論もなされた。いまだに論争は終わっていないが、おおむねハディースの信憑性を支持する派と原則として懐疑する派の両派の分布は、欧米では半々というところであろうか。イスラーム世界のハディース学者、歴史学者はほとんどが信憑性支持派である。

少々専門的な議論になるが、懐疑派の研究には、三つの大きな欠陥がある。第一は、一部の結論を一般化しすぎていることである。一部の信憑性が疑いうるといって、全体の信憑性を否定するのは明らかに行き過ぎである。第二は、そのような研究ではごく一部のハディースしか扱えないことである。法史学、歴史学が扱うハディースは事実史として実態が確認できないといけないが、私が用いている思想史的なハディースはそのような方法論が使えない。私の研究では、宗教思想を示したハディースは十分に典拠として用いることができる。第三は、信憑性だけにこだわりすぎるため、研究に発展性がなくなっていることである。この第三の点は、近年かなり強く批判されるようになっている。

おそらく、支持派と懐疑派に分かれた欧米の学界も、これ以上の発展は望めないように思われる。懐疑派に属する研究者が、最近力作といえる研究書を出版したが、そのなかでこれまでの研究動向を総括して、信憑性があるのではないかと思って研究している者は信憑性があるという結論に、懐疑的な立場で研究している者は懐疑的な結論に達している、と述べている。その著者自身は、それでも自分は懐疑派であると表明しているが、この総括自体には頷《うなず》ける。一世紀に及ぶ論争は、論争が精緻《せいち》化する以外には、これ以上やっても実りのない袋小路にたどり着いたというのが、私の印象である。

思想史の立場からいえば、一つ一つのハディースについて史料批判をすることは必要であるが、特定のハディースの信憑性が疑われる場合を除いて、一般論として懐疑派になる必要はない。すでに明らかなように、本書では、私が合理的と判断した場合にはハディースを積極的に引用している。

もう一ついえば、クルアーンについても多くを引用したが、引用可能な章句は、事実史と思想史では決定的に異なる。思想からみれば、クルアーンはじつに豊かな史料である。この問題の根底には、クルアーンもハディースも、元来「思想現象」を記録したものであるという特殊性がある。ハディースも単なる事実ではなく、ムハンマドという「規範的事実」を記録しようとしたものであるから、その性格を考慮にいれて研究すべきであろう。

思想史における「投射」

思想史でも歴史一般でも、過去の事跡について探求するとき、私たちがもっている「現代人の眼」というものが問題となる。ハディースへの態度もこれと無縁ではないが、知らず知らずに、場合によっては意図的に、現代人の眼から過去をみてしまうということが起こる。現代的視点の「投射」または「読み込み」という問題である。

たとえば、ムハンマド時代の「奴隷」(および解放奴隷)が本書に出てくる。

それについては論じなかったが、現代人からみると「奴隷」の存在はどうしても否定的にみえる。イスラームは奴隷制を認めたのか、という疑問が生じる。これは、現代的な視点からみているからそう思えるのであって、歴史時代の奴隷を現代の観点から考えるのは間違いであろう。

実際、ジャーヒリーヤ時代には奴隷は珍しいものではなかった。しかも、モノとして扱われていた。これに対して、イスラームは奴隷を法的身分の一つとして、権利を(自由人の権利よりは小さいが)保障し、さらに奴隷を順次解放していくことを定めた。ムスリムを奴隷にすることは禁じられたから、イスラーム法の論理では奴隷制はしだいに消滅するものと考えられたのである。

しかし、このように、イスラームの文脈から奴隷の存在について説明したらよいのか、というとそうとは限らない。この説明も、奴隷制そのものはよくない、という現代的観点からイスラーム法の論理を擁護しているからである。

「投射」の問題は過去のことに限らず、異文化を研究するうえでも、問題となる。自文化の視点を相手に投射してしまうならば、相手を理解することにはならない。とくに、価値判断をともなうときは危険である。異文化は他者にとって、おどろおどろしいものにみえるほうがふつうで、その自分の視点を自省的に考えずに、相手を否定的に処断してはいけない。

イスラーム思想、とくに七世紀の成立期のイスラームが対象であると、この投射の問題が、歴史的過去と異文化と二重の危険性を帯びる。思想史を学ぶ者としては、非常に注意深くならなくてはならない。

異文化を対象とする思想史は、対象としている文化の内在的論理のなかで、その思想を位置づけ、その意味合いを明らかにすることを目的としている。そのためには、現代日本人の視点で判断を下す前に、まず相手の論理を徹底して理解するよう努めなくてはならない。

とはいうものの、そもそも対象を選ぶ場合に、現代的視点なしに選んでいるのか、という問題がある。つまり、私たちがムハンマドに関心を抱くのは、彼が人類史的に大きな影響を及ぼしたからで、もし七世紀当時のようにイスラームがアラビア半島内の出来事にとどまっていたならば、私たちはさほど興味を抱かないであろう。その意味では「投射」をゼロにすることはできない。

おそらく、してはならない投射・読み込みと、必然的にせざるをえないそれがある。してはならないのは、まず、意図が先にあるような場合であろう。たとえば、ムハンマドが預言者としていかに偉大であったかを讃《たた》えることが目的であれば、善意であっても、客観的な研究とはなりえない。逆に、しばしば欧米の研究にみられるように、反イスラーム感情が隠された意図となっている場合がある。それも、いくら厳密な学問的方法を用いていても、正当な研究とはなりえないであろう。

しかし、その一方で、歴史的ないしは思想史的事実を明らかにしたうえで、それを意義づけ、評価する場合、現代人の観点が不可避となる。当時の歴史について、当時の文脈を現代人に理解しえないような形で再構成することには意味はないからである。歴史的実在としてのムハンマドを描いたあとで、彼が私たちからみて、どのような意義をもっていたのか語ることは必要なだけではなく、そもそも彼について探求する目的でもある。

難しいのは、この中間のレベルである。ムハンマドを取り上げるのは、彼が世界的な影響をもったからである。それについて、あとで評価を加えることも、当然である。しかし、彼自身を探求しているとき、死後に人類史的な人物となる、ということを読み込んではいけない。このバランスをとるのは容易ではないが、深く気を配る必要がある。私は、本書で、ムハンマドは自分の人生がどこへ行くのかわからないまま、「預言の器」の役割を引き受けたということを強調したが、それは彼を同時代的にみて、結果論から「投射」しないという姿勢の現れであった。

歴史研究でも思想史研究でも、事実関係の確認は重要な仕事である。その部分で投射や読み込みをしないことは大事であるが、何が投射にあたり何がそうでないのかは、個別にしか判断できない。研究者同士も、その見解をたがいにぶつけ合って、切磋琢磨《せっさたくま》して真実を求めるしかない。

この点でムハンマド時代の研究が難しいのは、クルアーンの文言をいかに解釈するかである。クルアーンは多重な意味の読み込みが可能で、政治的な文書のようには単純に理解することができない。古典とされる作品は、いずれも多様な解釈を許すような深みをもっているから時の審判に耐えて残るのであろうが、その分だけ、七世紀当時にどのような意味であったのかを再構成することは容易ではない。後世のアラブ人ムスリムにとってすら読解が大変であったことは、啓典解釈学がおおいに発展したことからもわかるが、その成果をどの程度用いることができるか。それらの文献をまったく用いないで、ただクルアーンを読む、という手法は無理である。比較的古い時代の解釈書は活用する余地が大きいともいえるが、やはり個別の選別が必要である。一般論として文法的な解釈はそれなりに依拠してよいのであるが、神学的な解釈は後世の問題意識に彩られていることが多いので、避けるべきであろう。

付言すると、そのような苦労をして解釈した章句を、日本語に移し替える際に、アラビア語のニュアンスが消えてしまったり、日本語の単語がもつ意味が微妙に影響したりする。読者にどれだけ本来の雰囲気を伝えられるか、本当に難しいと思う。翻訳というものがもっている宿命的な問題点であるが、これも書き手の能力のかぎり、最良の近似値を求めるという以外に道はないのかもしれない。

6 人類史のなかのムハンマド

「理念と現実」を超えて

人類の長い歴史を考えたときに、ムハンマドが人類に何をもたらしたと評価できるのか、について私なりに考えてみようと思う。「人類史」という言葉は「世界史」とは違う。これまで私たちの知っている世界史は、主として国、それも力の強い国々を中心とした歴史であったし、人類が単一の社会を形成するという認識にも立っていなかった。現代でも、世界は国々を単位とする「国際社会」であって、人類のメンバーである一人一人の人間が地球市民として「人類社会」をつくっているわけではない。しかし、環境問題をはじめとする地球的問題群のためもあって、「人類社会」の意識がしだいに広がりつつあることも確かである。もし世界史が国際社会の現状に対応しているとすれば、人類史は世界史のもう一つ先の未来形のものといってもいいかもしれない。

諸文明、諸文化を、一つの人類社会の財産、遺産だと考える立場から、ムハンマドの貢献を考えてみたら、どうなるであろうか。

その手続きの一つとして、宗教思想をどう位置づけるかということを、まず考えたい。より広く、思想や想念、思索、理念、概念といったものをどうとらえるか。

私たちは「理念と現実」という言い方に慣れている。その言い方をするとき、理念は私たちの頭のなかにあって、現実ではないものを意味する。現実は、私たちを取り巻いていて、手にふれられるモノをはじめとして、たがいに存在を確認することができるもの。理念は頭や心のなかにあって、人によって内容が違うかもしれず、それが共有されている保証もない。しかし、目の前にある机、椅子《いす》——今、私が腰掛けているような——は現実であり、その実在は疑いをいれない。

手にふれられる椅子や机が実在していることは、はっきりしている。しかし、人間の思念、思索、想念といったものは、どうなのであろうか。私は、それも実在であり、現実であるという立場をとる。人間から思索を抜いたら、ただの動物になってしまうであろう。

想念が現実である、という場合、二つの種類がある。一つは、手にふれられるもの、もう一つはふれることも見ることもできないものである。手にふれられるものは、文字どおりモノをさす。机でも箸《はし》でも、ノートでも本でもよい。私たちを取り巻いているモノは、大自然や天から降る雨のような自然物を除けば、どれもが人間がつくったモノである。このようなモノは、私たちが想念を素材に吹き込んでつくっている。人間が道具を発明するとき、それは頭のなかの構想をモノの形に実現することになる。

料理を取り上げてもよい。口に入る食べ物は、私たちにとってははっきりとした現実であるが、なんらかの概念に基づいていない料理はほとんど存在しない。料理の背景には、人間の考えがしっかりと実在している。日本食でも中華料理や洋食でも、一つ一つの料理にコンセプトがあり、盛りつけにも美学が働く。食べ物とは単なる食材のことではない。そのような意味において、私たちが「現実」と呼んでいるものの半分は、想念が形をもって存在しているものなのである。

しかし、想念、理念、概念のなかには、手にふれることも目で見ることもできないものがある。たとえば友情。これは理念であろう。しかし、現実の社会のなかでは現実として機能している。友情の実在を信じる私たちは、それに従った行動をとり、たがいの行動を見て、友情が現実であることを確認することができるからである。

愛情、正義、公正、連帯——なんでもよいが、私たちは目に見えない概念に依存して、人生を送っている。これらをモノと比べていうならば、想念、理念、概念に属する。人間の思索、考えが生み出すものである。しかし、これらもしっかりとした現実ではないか。

もちろん、人間を有機的機械のように考える立場もある。感情ですら、アドレナリンやら何やらの作用であって、すべてが科学的に検証されるモノに還元しうる、という考え方である。その考えに立てば、これらの理念、想念はあくまで人間の頭のなかに、ことによると脳のなかのパルスとして存在するだけのものであろう。あるいは「存在する」と人間が思っているだけのもの、というべきか。しかし、私の立場からは、そのような人間観自体が、「人間観」という理念、概念の一つにみえる。

友情や正義は、社会のなかで確認できる。もっと抽象的な概念はどうであろうか。古代から、哲学者たちは、絶対とか相対とか、普遍、個別、形相といった概念を生み出してきた。これらの概念は、だれでもが使うわけではないが、それによって知覚、認識をおこなうかぎりにおいて、想念として現実性をもっている。

やや長々しく述べたが、すでにお気づきの方もいるであろう。私は、次に、「唯一神」「預言者」という理念、概念について述べようと思っている。

イスラーム社会においては、これらは、まごうことなき現実性をもっている。実際にイスラーム世界のどこかに滞在してみるとわかることであるが、「ムスリムはアッラーを信じている」という表現は適切ではない。彼らはアッラーが実在することを前提に暮らしているのである。それは、私たちが空気が存在するのを自明視している程度に、自明なこととみなされている。その意味では、アッラーは、手にふれるモノと同じように実在なのであろう。

しかし、日本人の目からみれば、そうではない。唯一神の実在は、理念であると思える。私は言う——だから、理念は人間にとって現実なのである、という観点からそれをみるべきだ、と。友情が現実だと思うのであれば、同じように、唯一神や預言者が現実でありうると考える必要がある。そうでなければ、いつまでたっても私たちにとって、イスラーム世界は「ありえない幻想を共有している世界」ということになるであろう。

あなたは、第二章で宿題とした問題を覚えているだろうか。ムハンマドに下った啓示を、どう考えるのかという問題である。そこでは、神の実在を信じ、ムハンマドが啓示を受け取ったと考える立場と、無神論に基づいて「ムハンマドはそう思ったのだ(私は信じない)」と考える立場を取り上げた。この二つしか理解の方法がないのでは不毛であろう、本書は第三の道をとる、と述べた。それが理念=現実論である。第二章では、その立場を「思想や宗教的想念がもつ実体性を人間社会の基本要素としてとらえる、という立場」と表現した。

本書はムハンマドとイスラームを描いているから、焦点は唯一神、預言者、啓示などになるが、もっと一般論でいえば、異文化を知ろうとするとき、この問題は必ず頭を悩ませる。今まで自分たちが考えてもいなかったような想念、概念をもって、しかもそれを現実とみなしている人々に出会うからである。それを「そう思い込んでいる社会なのだ」というのでは、あまりにも自文化中心的であるし、そもそも、そのような態度では異文化の理解はおぼつかない。むしろ、自文化だけで事足れりとするのではなく、そのような多様な文化が、多様な概念を人類に提供しているのだ、という点を高く評価していくべきではないだろうか。

「ムハンマドの体験を唯一神からの啓示だと思うか」という設問に戻るならば、「唯一神からの啓示」という概念そのものが、イスラームが確立し、世界に広めた概念であることを認識しなくてはならない。設問に対する答えはイエスでもノーでもよいが、イスラームが確立した概念によってはじめて、このような問題を考えることができるという点に、イスラームの貢献をみることができる。

唯一神、預言者という概念は、イスラーム以前から中東に存在する。しかし、旧約聖書の預言者たちはもっと曖昧《あいまい》な存在であるし、いずれにしても、ユダヤ教という民族宗教内のローカルな話題でしかない。人類史を俯瞰《ふかん》してみた場合、預言者を名乗った現象としてムハンマドほど影響のあった事例はみあたらない。また、一神教は中東のセム的世界の特徴であるが、神の超越性、絶対性はイスラームによって確立された。人類史において、イスラームがもっとも純粋な一神教であることは、周知のとおりである。

言いかえると、ムハンマドは、もし唯一神が存在し、啓示が預言として示されるとしたら、そしてその受け手として預言者というものが存在するとしたら、それはこのようなものなのだ、ということを示した。これは非常に大きな思想的貢献であろう。

人類文明の摂理

人類史には一つの摂理がある、と私は考えている。それは、人類がたがいに助け合い、補完し合う一体をなしており、諸文明もそのように機能している、その補完し合ってきた歴史が人類史を形づくっている、という摂理である。それぞれの文明が無駄に同じものをつくるようなことはしない、ともいえる。

最近では人気がなくなってきたものの、近代に優勢な考え方として「単系的発展論」というものがある。どの文明、どの民族も先史時代、歴史時代を通じて、同じような段階をへて発展すべき、するはず、という考え方である。十九世紀のヨーロッパでこの考え方は、自分たちがその発展段階の最先端に達しているという自負心を満足させるために、おおいに広まった。

しかし、人類史を素直にみれば、諸文明はたがいに影響し、優れた文物を伝《でん》播《ぱ》し合って、発展してきた。どこかの文明が何かを創造すれば、もう他の文明はそれをつくる必要がなくなる。もう一歩進めていえば、それぞれの文明には特徴、長所があって、それに合った何かを創造し、人類に提供するのではないか。それがうまく補完し合う、目に見えない「摂理」があるのではないか、という気がする。

たとえば、古代ギリシアは論理学、哲学を創造した。諸文明はそれを学んで、自分たちのものとした。論理学、哲学でギリシアに匹敵するのはインドだけであろう。他の文明はこの点ではさほど長所を示していない。幾何学は古代エジプトとギリシアで成長したが、代数学はイスラーム世界で創造された。それは、インドで生まれた「零《ゼロ》」の概念と古代メソポタミアの「桁《けた》」の概念を援用して生まれた。全世界が使っているアラビア数字、数学は、この前近代の数学の延長である。あるいは、もっと現実的なテクノロジーとして、紙、羅針盤《らしんばん》をみてもよい。紙と羅針盤を発明したのは中国文明である。それは、イスラーム世界を通じて西欧にも広がったが、いったん中国でそれらが発明された以上、他の文明はそれを創造する必要はなかった。

暦にしても、いわゆる「西暦」がもっとも有力な暦法として今日用いられているが、その起源は古代エジプトである。それをローマのカエサルが持ち帰り、ユリウス暦としたものが、のちにグレゴリウス暦として修正されて今日の形になった。古代エジプトの天文学が人類史に貢献した事例と考えることもできる。もちろんヨーロッパ人による修正およびそれを世界に分配したことは、彼らの貢献である。

宗教はどうであろうか。前近代においては通常、いずれの社会でも世界観、社会観は「宗教」の形をとっていた。その意味では、どこにでも宗教はあった。しかし、人類文明の水準で広がるような宗教をみると、その発生地は意外に限られている。宗教を文明的なテクノロジーの一種——世界を解明する概念装置——と考えるならば、哲学や数学が広がるように広がるものと考えるのもあながち間違いではない。現在の世界の宗教を規模の順にみると、キリスト教、イスラーム、ヒンドゥー教、仏教、と並ぶが、上位の四宗教が中東、インドだけで生まれていることは注目に値する。これに、道教、儒教を足して、中国を加えても、発祥地がごく限られていることは間違いない。とくに、上位一位のキリスト教、二位のイスラームを合わせると世界人口の半数を優に超すが、二つがエルサレム、マッカ、マディーナを軸とする狭い地域から生まれた一神教であることを思えば驚きである。
人類文明の摂理ということは、諸文明が相互交流し融合しあうということであり、それによって人類史が織りなされているという認識である。本書は文明の相互関係や比較文明を論じるものではないので、このへんでやめることにするが、このような認識からもう一度私たちのテーマに立ち返って、ムハンマドの貢献を考えてみたい。

ムハンマドは何をもたらしたか

ムハンマドが人類にもたらした新たな理念、概念、装置の第一は、疑いもなく純粋な一神教であろう。すでに何度かふれたように、イスラームはユダヤ教、キリスト教と姉妹宗教であり、私たちはこれらを総称してセム的一神教と呼ぶことが多い。しかし、いくたの研究が明らかにしているように、神の唯一性、絶対性を決定的に強調したのはイスラームである。クルアーンも「アッラーは三つのうちの一つ」というのでは唯一神の原理に反する〔食卓章七三〕としているように、三位一体説ではまだ一神教が徹底されていない。その意味では、もっとも明確な一神教の定義、内容形成は、人類史的にみてイスラームによってなされたといってよい。

ちなみに、ユダヤ教、キリスト教、イスラームがそれぞれあとの宗教に影響を与えたという見方は単純すぎる。三つをこの順に並べるのは成立の順であるが、キリスト教とは異なるものとしてのユダヤ教の内容形成は、キリスト教成立以後におこなわれたし、ユダヤ教、キリスト教もイスラームが成立したあと、一神教観をイスラームの影響下に整備している。後世のユダヤ教にとって最大の哲学者・神学者であったマイモニデス（ムーサー・イブン・マイムーン、一二〇四年没）は、イスラーム文化のなかでユダヤ教思想を一新した。また、イスラームは大征服後の先行する諸文明を吸収する段階で、ギリシアの哲学、論理学の影響を受けて、クルアーンの教えを思弁的に論じる神学・哲学をつくったが、それは中世ヨーロッパに伝わり、トマス・アクィナスをはじめとするキリスト教思想家に多大な影響を与えた。その意味では、イスラームに先行する一神教ですら、一神教の新段階としてのイスラームの貢献を受けているのである。ただし、このあたりは、ムハンマドが確立した一神教を前提としてはいるものの、後世の話であり、彼の直接的貢献というわけではない。

ムハンマドに戻れば、クルアーンという装置の卓見性は、いくら強調しても強調しすぎることはないであろう。クルアーン＝「読まれるもの／誦《よ》まれるもの」としたうえで、啓示がアラビア語で下されたことを前提として、聖典の原型を維持するようにした方法は、聖典の概念として類例をみない。

聖書でも仏教の経典でも翻訳がなされることで異なる文化圏に広まった。その点からみれば、アラビア語のクルアーンの翻訳を許さない——翻訳を「解釈」の一種としてだけ認めるようになったのですら二十世紀のことである——態度は、イスラームの広がりを阻害する要因のようにも思われる。しかし、実際には、そのためにイスラームが広まらないことはなかったし、むしろ、アラビア語の啓典を共有することでイスラーム世界としての一体性が確保された。さらに、啓典を基盤とするイスラーム法が、民族の違いを超える法としてイスラーム世界の統一性を保つ仕組みをつくっているが、これもアラビア語を知的共通語とすることで可能となっている。

何度も言及したように、クルアーンは不思議な様式をもっている。クルアーンに書かれているのは、ムハンマドにもたらされた啓示だけであり、「天使ジブリールは私〔ムハンマド〕に次のように伝えた」というト書きすら、いっさいはいっていない。読み方すら、クルアーンのなかにはいっさい指示されていない。そのため、外部の者が読むととまどうのであるが、「啓示が神から下される」という概念を具体的に表示するとしたら、これ以上明確な形はないであろう。一冊の本が、最初から終わりまで「神の言葉」だけである、というのである。宗教的に信じる信じないは個人の問題として、概念として「啓示」と啓示に基づく「啓典」を理解しようとすれば、これほど単純な図式はない。

重要なもう一つのポイントとして、ムハンマドは識字者ではなかった。当時のクライシュ族は、「ジン憑《つ》きの詩人ではないか」という批判をしてみているが、ムハンマドが四十歳になる前に詩作をしたという記録はまったく残っていないから、批判としては根拠薄弱であったろう。彼は詩人でもなかったし、カーヒン(巫者《ふしゃ》)としての経験もなかった。クルアーンを受け取る対象として「白紙」であるがゆえに最適、ということになる。クルアーンにも「文字を知らない預言者」[高壁章一五七]といわれているが、「啓示に基づく啓典」を提示する舞台装置としてじつに精緻《せいち》な構成となっている。

付言すれば、のちのイスラーム文明は、壮麗な書道文化を発展させた。人類史のなかで、イスラームの書道文化に匹敵するのは、漢字文化圏のそれだけであろう。背景には、書物としてのクルアーンの製作、偶像を許されないモスクの装飾としての書道などの需要があったが、読み書きを知らない人物を開祖として、非常に多彩な書道文化が発展したことは、奇妙といえば奇妙な歴史の作用であろう。ちなみに、書道文化とならんで、写本作りが大きく発展した。もちろん、これには中国から輸入した製紙法のテクノロジーが貢献しているが、グーテンベルクの印刷術以前の世界において、最大級の写本市場がイスラーム世界に成立していたことは注目に値する。

すでに述べたように、ムハンマドの最大の貢献は「預言者」という概念を世界化したことであろう。旧約聖書の預言者はごく地域的な現象でしかなかったし、概念的にもイスラームほど明確ではない。ムハンマドは非常にはっきりした概念として「預言者」を示し、その生を生き、それを弟子たちと共有することで、それを実践形で明示した。彼が「人類への使徒」として、それを普遍概念として示したことも重要であろう。人類が古代から蓄積・発展させてきた理念・概念の博物館のなかにおいて、啓示や預言者というものを論じるとすれば、何よりもムハンマドが提示した概念を基礎として、検討しなければならない。

にもかかわらず、彼の示した祖型に従って、多くの人々が「預言者」と名乗ることは起こらなかった。それは、ムハンマドが「最後の預言者」「諸預言者の封印」と名乗ったからである。預言者という概念を示すと同時に、それを完了形とした。ごくわずかの例外を除くと、自らを預言者と名乗る人物は、彼の死後一四〇〇年にわたってほとんど存在しない。これは、「最後の預言者」と主張した彼の思想的インパクトのなせる業《わざ》であろうか。「不在」の理由を論じることは非常に難しいのであるが、「預言者」という概念の強さを考えると、その影響によって、預言者を名乗る者がその後多く出ても不思議ではない。それが起こらなかったのは、「最後の預言者」という対概念の作用と考えざるをえないであろう。
「世界宗教」という概念も重要であろう。キリスト教も仏教も世界宗教に発展したが、開祖の段階で、そのような位置づけを明示していたわけではない。クルアーンの場合、多様な宗教が世界にあると明示したうえで、世界宗教の役割を語っている点に特徴がある。
人々よ、われ〔アッラー〕は一人の男と一人の女から汝《なんじ》らを創造した。そして、汝らを諸民族と諸部族にした。たがいに知り合うようにするためである。〔部屋章一三〕
われ〔アッラー〕は汝〔ムハンマド〕以前にも多くの使徒を遣わした。そのな

かには、汝に語って聞かせた者もあり、汝には語らなかった者もある。［赦《ゆる》す者章七八］
それぞれのウンマ（共同体）には使徒がある。［ユーヌス章四七］
われはそれぞれのウンマ（共同体）に彼らがおこなうべき儀礼を定めた。［巡礼章六七］
われは汝を人類へ使徒として遣わした。［女性章七九］
われが汝を使徒として遣わしたのは、ただ諸世界への慈悲としてである。［諸預言者章一〇七］
ムハンマドは明らかに、自分がもたらした宗教が人類全体へのメッセージであることを強く認識していた。広大な地域に広がったから、結果論として世界宗教になったというわけではない。
ムハンマドは当時の文明圏の辺境で生まれた。イスラームが文明の周縁で誕生した宗教であるとすれば、この「世界意識」が生まれたことは、むしろ不思議というべきであろう。人はそのような人物をみたとき、「天才」というような形容を使いたくなるのであろうが、思想史を専門とする私としては躊躇《ちゅうちょ》する。もっと客観的な表現はないかと苦吟《くぎん》するものである。

二十一世紀に生きる

ムハンマドの死後、イスラームは世界に広がった。最初は大征服によって、イスラーム世界の中核地帯を確保し、新しい文明を発展させた。そして、世界を結ぶ貿易ネットワークをつくり、多言語・多人種で民族横断型の世界宗教として、その有効性を証明した。絢爛《けんらん》たる文明は、同時代のヨーロッパ人を魅惑し、大きな影響を与えた。姉妹宗教としてのキリスト教とは摩擦も起こし、戦争も生じたが、人類史的には切磋琢磨《せっさたくま》して文明が発展した、というべきかもしれない。

イスラーム諸学も発展した。クルアーンを理解するための啓典解釈学、ムハンマドの言行を整備するハディース学、ムハンマドの伝記的事跡を検証する預言者伝、啓典に立脚する法にまつわるイスラーム法学、信仰箇条を論じるイスラーム神学、これらのすべての基礎としてのアラビア語学などが膨大な著作群を生み、それらを専門とする学者集団(ウラマー)が誕生した。これらの諸学は、その焦点としてクルアーン、ムハンマド、ハディースを中心においている。人間としてみれば、ムハンマドこそがその中心にいる。

十三世紀以降のイスラームは、神秘主義教団などを通じて平和的に広がるようになった。東南アジアや西アフリカでの広がりは、そのような特色をもっている。神秘主義は、ムハンマド的な宗教体験を自らのものとしたい、という指向性をもつため、ムハンマドへの敬慕を強めるが、同時に独自のムハンマド観を発展させる面をもった。

クルアーンという啓典の形は、どれほど時代が下がっても、信徒がムハンマドが直接その口から語ったのと同じ言葉にふれられる、という点に特徴がある。信徒は自分たちの聖典を読むとき、ムハンマドとその弟子たちの見た情景を眼前にすることになる。

聖典を維持するためにムスリムたちが払ってきた努力と営為は、たとえそれが宗教的義務だとしても、義務感だけでは説明がつかないほど熱心で献身的なものであった。客観的にいえばそのような営為の結果ではあるが、信徒たちはそれを、

まことにわれ〔アッラー〕こそが訓戒〔クルアーン〕を下し、われこそがそれを守護するのである。〔ヒジュルの民章九〕
というクルアーンの預言の成就と考える。このことの確信が、近代においてイスラーム世界が苦境に陥ったとき、イスラームを信じてその再生へと向かう原動力を生んだ。
十七世紀以降、イスラーム世界は西洋に対して劣勢に立ち始めた。壮麗な文明を誇ったイスラーム世界は、いまや西洋の攻勢の前に後退し、ついには植民地化の時代がやってくる。その間、西洋ではイスラームを後進的な宗教として激しく否定する言説もたくさんつくられた。現実と理念の二つの攻勢に晒《さら》されながら、イスラーム世界がイスラームを捨てなかった理由として、おそらくクルアーン的な確信がその中核にある。しかし、イスラームが揺らがなかったわけではない。ムスリムたちは自信を失いかけ、その原因を自問した。
「クルアーンとムハンマドの教えを正しく理解し、実践しないのが過ちの根源」というのがイスラーム復興運動が提示した答えである。彼らは、クルアーンが時代遅れであるというかわりに、自分たちが時代に遅れている、聖典は止しく解釈すればいつの時代にも有効である、という答えを選んだ。伝統的なイスラームと比べていえば、復興運動のイスラームは、原点への回帰を主張する分だけ、クルアーンとムハンマドの比重がふたたび高まっている。二十世紀には、イスラーム世界の各地でイスラーム復興が目撃された。イスラーム世界も、それを無視して国際社会が語れないほど存在感を増すにいたった。

二十一世紀にはいった今、世界は日増しに相互交流、相互干渉の度合いを深めている。相互理解がいっそう必要とされるが、理解を置き去りにした交流は、しばしば相互誤解を生む。イスラーム世界と日本のつながりは、これまでは比較的希薄であった。しかし、二十世紀後半から、しだいに関係が深まってきた。二十一世紀の国際社会においてイスラーム世界が占める位置を考えれば、関係は深まりこそすれ、弱まることはない。イスラームを理解することは、相互理解に基づく世界を築くうえで、大きな意義をもつ作業であろう。

イスラームを理解するうえで、その開祖ムハンマドの理解が欠かせないことは、いまや論ずるまでもない。さらに、イスラーム史のなかだけではなく、人類史のなかで彼を位置づけて考えることが、二十一世紀には求められているように思う。それをめぐる思索の一端を記してきたが、歴史的実像を求めつつ、その人類史的評価をおこなうようなムハンマド伝が、これからも日本人の手で多く書かれることを望みつつ、筆を置きたい。

あとがき

本書の主題となっているムハンマドに限らず、人類史的な偉人たち――知の偉人であれ、政治や社会の偉人であれ――について書くことは容易ではない。私たちは現代に生きる小さな人間であり、どれほど研鑽《けんさん》を重ねたとしても、そのような偉人たちについて、小さな絵を描くことしかできないように思う。たとえて言えば、塀の節穴から広原で繰り広げられている絢爛《けんらん》絵巻の光景を覗いて、そのスケッチを描くようなことであろうか。たしかに見た、とは言えるが、どれだけ全貌を把握したと言えるだろうか。

しかも異文化である。私は、日本人が他文明を理解するという仕事に従事しているから、自分の研究対象について、時にはおずおずと、時には断定的に自分が把握したと思うことを語るが、どこまで深く切り込んでいると言えるのだろうか、という自省を感じながら仕事を続けている。ただ、「他文明を理解する仕事」のなかでは、欧米を担当する諸賢は非常に数が多いのに、イスラーム世界についてはごく数が少ない。希少価値の分だけ、責務は重いと思わざるをえない。

世界的な宗教の創始者という点では、ムハンマドは、仏陀《ぶっだ》やイエス・キリストに匹敵する存在であろう。直接的な影響力という点では、そのなかでもっとも大きい、と論ずる人もいる。しかし、日本ではほとんど知られていない。日本語の本を見渡してみると、このような人物たちのなかで情報がもっとも少ないことがわかる。仏教や儒教をめぐる長い知的伝統があるこの国で、仏陀や孔子について著作が多いことは当然としても、キリスト教やイエス・キリストをめぐる書物と比べても、イスラームとムハンマドについては驚くほど少ない。その一方で、近年は日本とイスラーム世界の関係は急速に深まっており、イスラームについて知ることも肝要の急務となっている。

そのことを考えると、知識の空白を少しでも埋めるために、本書の主題にチャレンジする価値も社会的必要もある。そう決心して、執筆に取りかかった。

宗教は、ある意味では、世界についての大がかりな解釈の営為であり、しかも、その対象には可視界も不可視界も、さらに世界を超える絶対者も含まれている。そのことを私なりに、宗教は「思想現象」であると言っているが、イスラームの開祖ムハンマドとは、稀なほど巨大な「思想現象」であった。本書では、その内実を解き明かそうとした。その狙いがどれほど成功しているかは、皆様の審判を仰がなくてはならない。

私事にわたるが、本書は企画段階では妻孝子との共作のつもりであった。四半世紀をともに過ごすなかで、一緒にアラビア語やイスラームについて学び、その後は私の著書や論文の著述に協力してもらってきたが、再発したガンを抱えていた彼女の命の限りを知って、私は本書を最期の共同作品として執筆しようと考えた。しかし、企画は一緒に立てることができたものの、彼女が逝く前に書き上げようとの望みは、看病の日々のなかではたせぬ夢となった。

私と妻はおよそ二六年前一緒にエジプトに留学し、イスラーム研究にいそしむことになった。私自身はその後職業的な研究者となり、妻は専業主婦として働いてきたが、いつまでも、留学時代と同じように二人で勉強生活を続けてきたような気がする。思えば幸せな日々であった。享年四十六歳は決して長いとは言えないが、充実した人生を送って天寿を全うしたと信じている。本書を捧げて、冥福を祈りたい。
最後に、編集部には、ひとかたならずお世話になった。歴史学者ではない私をこのシリーズに引き出し、思想史から見たムハンマド伝を書くという、知的な冒険ができたのも、編集部からのお誘いのお陰であり、編集上も本作りに対する愛情のこもったサポートをしていただいた。世界史を専門とする由緒ある出版社の、二十一世紀の初めを飾るにふさわしい意欲的な新シリーズに参加する喜びも合わせて、厚く御礼申しあげたい。

二〇〇二年二月

小杉　泰

参考文献

＊ムハンマド、マッカ、マディーナに関する日本語の書籍で、一般に入手・閲覧しやすいものをあげた。

磯崎定基・飯森嘉助・小笠原良治訳『日訳サヒーフムスリム』（一〜三）日本サウディアラビア協会　一九八七〜八九
井筒俊彦訳『コーラン』（上・中・下）岩波文庫　一九六四
井筒俊彦、牧野信也訳『意味の構造――コーランにおける宗教道徳概念の分析』新泉社　一九七二
井筒俊彦『イスラーム生誕』人文書院　一九七九
井筒俊彦『コーランを読む』岩波書店　一九八三
大塚和夫ほか編『岩波イスラーム辞典』岩波書店　二〇〇二（とくに、後藤明、医王秀行、清水和裕、高野太輔の各氏による関連項目）
後藤明『ムハンマドとアラブ』東京新聞出版局　一九八〇
後藤明『メッカ――イスラームの都市社会』中公新書　一九九一

嶋田襄平訳「マホメット伝」『インド　アラビア　ペルシア集』筑摩世界文学体系9　筑摩書房　一九七四
嶋田襄平『マホメット――預言者の国づくり』清水書院　一九七五
嶋田襄平『初期イスラーム国家の研究』中央大学出版部　一九九六
『聖クルアーン』(改訂版)日本ムスリム協会　一九八七
野町和嘉、サイイド・ホセイン・ナスル『メッカ巡礼』集英社　一九九七
藤本勝次『マホメット――ユダヤ人との抗争』中公新書　一九七一
藤本勝次責任編集『コーラン』中央公論社　一九七九
前嶋信次編『メッカ』芙蓉書房　一九七五
牧野信也『創造と終末――コーラン的世界観の構造』新泉社　一九七二
牧野信也『マホメット』講談社　一九七九
牧野信也訳『ハディース――イスラーム伝承集成』(上・中・下)中央公論新社　一九九三〜九四
牧野信也『イスラームの原点――〈コーラン〉と〈ハディース〉』中央公論新社　一九九六
ムスタファー・アッスィバーイー、中田考訳『預言者伝』日本サウディアラビア協

会　一九九三
アーイシャ・アブドッラハマーン、徳増輝子訳『預言者の妻たち』日本サウディアラビア協会・日本クウェイト協会　一九七七
アーイシャ・アブドッラハマーン、徳増輝子訳『預言者の娘たち』日本サウディアラビア協会・日本クウェイト協会　一九八八
モンゴメリー・ワット、牧野信也・久保儀明訳『ムハンマド――預言者と政治家』みすず書房　一九七〇

historia
001
ムハンマド
イスラームの源流《げんりゅう》をたずねて
2002年5月20日 1版1刷発行
2014年11月20日 1版2刷発行

著者：小杉《こすぎ》 泰《やすし》
発行者：野澤伸平
発行所：株式会社 山川出版社
〒101-0047 東京都千代田区内神田1-13-13
電話03(3293)8131(営業) 8134(編集)
http://www.yamakawa.co.jp
振替00120-9-43993
印刷所：明和印刷株式会社
製本所：株式会社 ブロケード
装幀：菊地信義
 ISBN978-4-634-49010-9